風格定器物

張錯藝術文論

張錯 著

藝術家

目 錄

代序

風格定器物
元「至正型」青花瓷在西方的整理及實踐

　　學者專家喜談青花始燒於何時？青花是釉下彩，著名的釉下彩要算唐代湖南長沙窯，揚州唐朝遺址出土有長沙窯的阿拉伯文背水帶壺，另有殘片顯示，燒製唐三彩的河南鞏縣窯已用國產鈷料燒出青花。揚州在唐本為胡商聚居貿易之地，長沙窯及青花器具作為本地需要或出口阿拉伯國家均有可能[1]。

　　然而儘管唐代已有青花，但屬草創階段，多陶少瓷，格調不高，未能在藝術上建立完整風格。直到宋朝在景德鎮燒出了青白瓷，元朝忽必烈於至元15年（1278）在景德鎮設立「浮梁瓷局」，才在這些基礎上燒出青花及釉裡紅，把輝煌的遠景帶向明朝。

　　近代強調 14 世紀元朝末年順帝（1341-1368）的「至正型」青花為劃時代標誌，應是 20 世紀中期英美學者霍布遜（R. L.Hobson, 1872-1941）[2]、波普（John A.Pope, 1906-1982）[3]、葛納（Harry Garner, 1891-1977）[4]等人的努力成果。他們繼承了早期歐陸研究景德鎮陶瓷的先進漢學家——法國的儒蓮（Stanislas Julien, 1797-1873）[5]及英國的波西爾（S.W. Bushell, 1844-1908）[6]翻譯景德鎮陶瓷的資料，再以不同地區收藏的青花瓷器相互印證比較（as parallel pieces），證實在 14 世紀元朝至正年間，出產了大量高水平的「至正型」青花瓷器。

　　霍布遜與波西爾兩人在西方對東方瓷器的研介有承前啟後的「柱石」（cornerstone）作用，霍布遜早年對中東一帶回教國家的陶瓷發展研究調查，就已注意到中國瓷器與西域瓷器的相互影響。他把伊斯蘭陶瓷發展分為三期，除第一期（622-1200 AD）外，其他二（1200-1400 AD）、三（1400 AD及以後）兩期與中國互動極大。第一期出產青花鈷釉的蘇麻拉（Samarra）地區，

其低溫青花瓷燒製已領先同期的中國。
第三期的波斯青花瓷器則幾可亂
真，經常被荷蘭商人帶往歐洲當
作中國青花販賣。[7]

　　波普在美國史密松寧博物
館（Smithsonian Institution）工
作長達四十年，並曾在單位屬下
的弗利爾亞洲藝廊（Freer Asian Arts
Gallery）擔任主管多年。他繼承霍布
遜的觀點致力元明青花研究，於1950 訪
伊斯蘭國家的伊朗阿岱比爾神廟（Ardebil

青花蓋罐　唐代　揚州博物館藏

1 唐代貿易港揚州曾出土有一件長沙窯的阿拉伯文背水帶壺，紋飾為銅綠釉由右向左書寫阿拉伯文「真主安
　拉」。印尼海域的黑石號沉船亦曾撈出有碗心書寫阿拉伯字母的長沙窯彩繪碗。見陳玉秀，〈以紋識意
　——從阿拉伯文紋飾談正德時期伊斯蘭教的意涵〉，《故宮文物月刊》284期，台北，2006年11月，p.78。
　有關揚州唐城發掘，可參考〈揚州唐城遺址1975年考古簡報〉，《文物》，1977，no.9，pp.16-30。

2 R.L. Hobson（Robert Lockhart Hobson），曾為大英博物館陶瓷部門（Dept. of Ceramics and Ethnography）的
　總監（Keeper）。著述有兩冊經典之作（locus classicus）後二合為一的《中國陶瓷》Chinese Pottery and
　Porcelain, London, 1915, New York, 1976及後來不斷再版為廣大讀者熟悉的《陶藝》The Art of the Chinese
　Potter, 1923、《明代瓷器》The Ware of the Ming Dynasty, London, 1923、《遠東陶瓷手冊》Handbook of
　the Pottery and Porcelain of the Far East, London，1948等。亦曾編纂《戴維德藏瓷譜》Catalogue of Chinese
　Pottery and Porcelain in the Collection of Sir Percival David, London, 1934。其人著作出版雖在早期西方對
　中國陶瓷研究有開拓先鋒之功，然觀點、圖像重複處亦甚多。

3 波普（John Alexander Pope）自上世紀50年代以研究在伊斯蘭國家青花瓷器的兩本著作，奠定他在青花
　瓷研究專家的地位。其他著作尚有：The History of the Ming Porcelain. A Lecture on the Occasion of the
　First Presentation of the Hills Gold Medal. London,1972.以及Ming Porcelains in the Freer Gallery of Art,
　Washington D.C.,1953.

4 葛納（Sir Harry Garner）寫有《東方青花瓷》Oriental Blue and White，1954英國初版，美國新版有 Thomas
　Yoseloff Publisher, 1st American edition, New York, 1964。

5 儒蓮（Stanislas Julien）翻譯有《景德鎮陶錄》（並非全譯）Histoire et fabrication de la porcelaine
　chinoise, Mallet-Bachelier, Paris, 1856。此書原著出版於清嘉慶年間（1815），藍浦原著，劉丙前序、鄭
　廷桂後記。後有Geoffrey R.Sayer英譯本 Ching-te-chen t'ao-lu, Routledge and Kegan Paul, London, 1951。近
　代則有連冕編注的《景德鎮陶錄圖說》，山東畫報出版社，2005。

6 波西爾（Stephen Wootton Bushell）翻譯有朱琰的《陶說》Description of Chinese Pottery and Porcelain, Clarendon
　Press, Oxford, 1910。原書初刻於乾隆三十九年（1774），稱鮑廷博本，以敘述景德鎮窯為重點，書分六卷。
　波西爾本內另附註（appendix）有耶穌會傳教士入華後自江西景德鎮傳回歐洲的兩封信函資料。

7 R.L. Hobson, A Guide to the Islamic Pottery of the Near East, London, printed by order of the trustees, British
　Museum, 1932, p.xiv，以及p.67。

銘文龍瓶一對　元代　英國戴維德基金會藏

Shrine）及土耳其伊斯坦堡（Istanbul）的元明青花遺跡，兩年後寫就《14世紀青花——伊斯坦堡的托卡普皇宮博物館內中國瓷器收藏》（*Fourteenth-Century Blue-and-White—A Group of Chinese Porcelains in the Topkapu Sarayi Muzesi, Istanbul*）一書[8]，書內全部31件瓷器鑑定為元青花。顧名思義，此書重點，在建立有異於明朝青花的14世紀「至正型」元青花瓷。[9]

　　托卡普（Topkapu）為蘇丹皇宮（Sarayi），現通稱托普卡比宮（Topkapi Palace），其第二庭殿（Second Courtyard）置放東方瓷器，原為宮中廚房（內面原有一間特別貯備中國瓷器阿拉伯文稱為 *cini-hane* 的「中國居」），據云有

1 萬 2000 件之多，其中元明瓷器有 4500 件，清瓷有 5500 件，現今改為博物館供人參觀。[10]

　　波普另一成就為 1956 年出版的《阿岱比爾神廟的中國瓷器》（*Chinese Porcelain from the Ardebil Shrine*）一書[11]。以 1950 年代的青花學術研究來看，此二書一出，有如天外流星，燦爛奪目。阿岱比爾是一座古波斯北部的回教陵寢神廟，其中國瓷器收藏是一個海外寶庫，它自 1587 年由波斯王阿巴斯一世（Shah Abbas）肇始[12]，加上突厥奧圖曼歷代蘇丹王統治者不斷收集，匯集成一個青花寶藏。如今收歸為伊朗德黑蘭（Tehran）大庭園區（Iran Bustan）的國家博物館，內裡 805 件中國瓷器，其中 320 件為碗盤，大都為明青花，另有32件被波普鑑定為元青花。[13]

　　以上這些研究方法帶給考古與陶瓷藝術界很大的啟示。就以英國「戴維德基金會」（Percival David Foundation）的一對青花四爪雲龍象耳大瓷瓶（高達 25 英寸或 63.3 公分，以下簡稱「戴維德龍瓶」）為例，當初元青花尚未顯赫，此雙瓶紋飾繁複達八層次，更兼青花瓷紀年銘文本就不多，該二瓶瓶頸體型碩大，分別書有至正 11 年（1351）題記及 62 字銘文，買家存疑，趑趄不

---

8 John Alexander Pope, *Fourteenth-Century Blue-and-White—A Group of Chinese Porcelains in the Topkapu Sarayi Muzesi, Instanbul*, Smithonian Publication：Freer Gallery of Art, 1952。新版 Revised edition, occasional papers, vol.2, number 1, Freer Gallery of Art, 1970。

9 由於1950年代出土文物不多，很明顯波普對器物不足而感風格上的論點有所匱缺，所以他在書中另立〈論據〉（The Argument）一節，強調器物紋飾的內在相符及外在證據如戴維德龍瓶1351年的銘文。波普又自設難：究竟所謂「14世紀青花群」是那一個年代的範疇？（What is the probable chronological range of the "fourteen-century group"?）然後他肯定答覆：以伊斯坦堡的托卡普皇宮博物館一些青花瓷，及戴維德龍瓶在藝術上成熟有如華枝春滿（an art in its fullest flower）、繽麗滿器的紋飾風格及銘文年號，中國在14世紀中期已發展出、或正在發展一種獨特風格的青花瓷是肯定而絕對的。見上註，p.50。

10 該皇宮的元明清瓷器全部曾被英國陶瓷學者Regina Krahl及John Ayers編入1384頁的三巨冊圖片目錄，見 Topkapi Saray Muzesi, Regina Krahl, Nurdan Erbahar, and John Ayers, edited, *Chinese Ceramics in the Topkapi Saray Museum Istanbul: A Complete Catalogue*, 3 volumes, Sotheby's Parke Bernet Publishers, 1986。此目錄早已斷市，目前（2007）在英美舊書商價格為US$990到£1035之間。

11 John Alexander Pope, *Chinese Porcelain from the Ardebil Shrine*, Freer Gallery of Art, 1956, Sotheby's 1981。此書圖後單獨另印了一本作參考用的 *Plates to Chinese Porcelains from the Ardebil Shrine*, Smithsonian Institution, n.d.

12 波普強調，儘管霍普遜及其他學者均指向阿岱比爾神廟的中國瓷器，乃明朝萬曆帝的餽贈，但後來更多證據顯示：其中一部分瓷器為早自1514年突厥人從塔比烈茲（Tabriz）移過來的劫贓。因此很難斷定神廟瓷器乃一次過的收藏。見註8，p.17。

13 見註11，p.59。

前。及至戴維德爵士於 1928 年取得該瓶，並被霍布遜、波普等人報導印證為元「至正型」樣本，從此打開了青花瓷由元入明的大門，並以洪武青花為轉折期。[14] 馮先銘主編的《中國陶瓷》內有詳細提及頸部文字及紋飾，全文 62 字為「信州路、玉山縣、順城鄉、德教里、荊塘社奉聖弟子張文進喜捨香爐、花瓶一副，祈保合家清吉，子女平安。至正十一年四月良表謹記。星源祖殿，胡淨一元帥打供」[15]。該瓶紋飾亦被描述為：

> 高 63.6 公分，瓶身主題紋飾為四爪雲龍，自口、頸、肩至底足共有八個層次的圖案裝飾，順序為纏枝扁菊、蕉葉、飛鳳靈芝、纏枝蓮、四爪雲龍、海濤、纏枝牡丹和覆蓮雜寶。[16]

霍布遜於 1929 年在英國一本雜誌上發表了〈明朝以前的青花瓷〉（Blue and White before Ming）一文，提及此一副有紀年銘文的「戴維德龍瓶」[17]。由於該器紋飾繁複，獨異於其他青花龍瓶，霍文當時未能使學者釋疑接受為元青花。反諷的是此雲龍花瓶一被鑑定，身價百倍，眾人卻遍尋文字內提及的青花香爐而不獲。[18]

這裡我們必須釐清霍布遜與波普的研究關係。目前一般認識，皆以波普追隨霍布遜研究而建立元「至正型」青花，其實不然。霍布遜只是一個先驅者，提出書有題記及銘文的龍瓶，再藉器上年號題記鑑定為 1351 年製造的青花。除年號題記外，霍並未著力於器具風格的塑建。倒是二十年後的 1949 及 1950 年間，兩名在美的陶瓷學者——白江新藏（Shinzo Shirae）與科茲（Warren

---

14 波普特地在「14世紀青花」章內單獨以「洪武」段落來闡述其特徵以異於15世紀的永宣青花。他說，史家一般都一廂情願，希望把洪武瓷異於元至正瓷，孰真孰明，分期便可迎刃而解。可惜事實並非天從人願，因為風格是有恆漸進的（The evolution of style is gradual and continuous）。見註11，p.77。

15 馮先銘主編《中國陶瓷》修訂本，上海古藉，2001.p.453。

16 同上，p.453。

17 R.L. Hobson, "Blue and White before Ming", *Old Furniture*, vol.6, pp.3-8. London, January,1929。

18 見註11，p.61及同頁附註119。

19 Shirae, S., and Cox, Warren E. "The earliest blue and white wares of China". *Far Eastern Ceramic Bulletin*, No.7 (September 1949),pp.12-17,illus.; No.9 (March 1950),pp.40-50,illus. 本文述及白江與科茲兩人之論述，乃引自波普一書，見註8，pp.2-3。

20 波普下面這一段對阿岱比爾神廟14世紀元青花瓷鑑定可以作為「風格論」的代表結論："At the present

E.Cox）在《遠東陶瓷學報》（*Far Eastern Ceramic Bulletin*, No.7, September, 1949; No.9, March, 1950）共同發表了兩篇〈最早期中國青花瓷〉論文，首度提出「戴維德龍瓶」除題記外，還有什麼其他特徵有別於早期的青花瓷器？他們在紐約找到一隻有待鑑定的青花大盤與「戴維德龍瓶」對比，把大盤與龍瓶的一些共同特徵與其他的明朝青花瓷器分隔出來。前明青花在當時可謂鳳毛麟角，但他們鍥而不捨繼續在出版圖片中找到十來件與龍瓶及青花大盤具有相同紋飾的瓷器。隨後，又在數百張明青花瓷器圖片中，找出11件雷同。由此可以斷定，具有這些紋飾特徵的青花，應是屬於另一種新類型時期的青花瓷。[19]

　　雖然白江兩人接觸的青花瓷器實物不夠廣闊，無法歸納成放諸四海皆準的理論。但這種先驅的方法給予波普很大的啟示，他隨即在 1950 年分訪土耳其、伊朗兩地，把古波斯青花瓷器與「戴維德龍瓶」對比，發現其中一些瓷器主題、紋飾、型制、釉料呈色及風貌，彼此契合，為正宗（authentic）元末青花典型，遂進一步斷定青花瓷燒製的成熟期應就在元末明初的 14 世紀。[20]這種「風格論」比任何科學鑑證都來得更具藝術辯證意義。也就是說，除了利用科學儀器鑑測，鑑賞者必須對器物的類型設計及文化歷史背景所組成的「有恆風格」（stylistic consistency）有所認識、判斷和建立。[21]

　　儘管「至正型」理論出現後不斷遭受挑戰，更有少量出土青花瓷器如觀音塑像、穀倉、大罐等物，上有銘記早於至正的至元年間（元朝有兩個至元），但這些器物皆非青花精品，由於數量太少亦無「有恆風格」可言，無足輕重。而且「至正型」或 14 世紀本身就是一個風格的隱喻，就算把青花成熟期推前向元初的至元年間、或推後入明初「前洪武期」又如何？難怪許多西方學者

writing something like a hundred pieces of blue-and-white have been found assignable to the middle decades of the fourteenth century by virtue of their stylistic and physical relationships with the David vases dated in correspondence with 1351……" 此段可譯為：「目前撰寫此書時，大約有一百多件青花可以憑藉風格及實質形態，與那副至正十一年（1351）紀年銘文的戴維德龍瓶的關連，而被鑑定為14世紀中期產品。」見注11，p.69。「憑藉風格及實質形態……的關連」數字可圈可點。

葛納亦曾在其《東方青花瓷》一書內把其中一隻戴維德龍瓶（Plate 6）與伊斯坦堡的托卡普‧莎拉伊博物館內一只青花雲龍大壺（Plate 7）的圖片並列，雖不是同一器皿實質形態，但紋飾與風格顯示，二器應屬同一時代。見註4。

21 西元2000年，John Carswell專著《青花瓷──寰宇漢瓷》*Blue and White－Chinese Porcelain around the World*, Art Media Resources Ltd., 2000 一出，從文化歷史與青花在世界瓷器貿易的互動的角度切入研究，元至正型青花在中國陶瓷史之地位於茲奠立，毫無疑問。見氏著第1-3章，pp.11-76。

包括葛納等人，除了提到器中有紀年款的明青花外，所有元青花只言14世紀，絕口不言年號。其他學者如孟德莉（Margaret Medley）在她的專書內，亦以14世紀早期（first quarter of the 14th century）、中期（second-quarter）、中後期（third-quarter）稱之。[22]

且再以四爪雲龍主題為例。隨著20世紀70、80年代許多出土青花瓷器，譬如1980年11月江西高安縣城出土的元代窖藏青花瓷器，內裡有以雲龍為主題的梅瓶、荷葉蓋罐與獸耳蓋罐，其紋飾與器物可謂「形神兼備」（stylistic and physical

高安青花纏枝牡丹「禮」梅瓶

relationship），與「戴維德基金會」的青花四爪雲龍象耳瓷瓶相比，並無二致。因此我們可以說高安市博物館所藏的19件窖藏元代青花瓷器，應也就是與「戴維德基金會」的青花瓶及土耳其、伊朗的「至正型」青花瓷年代相同。而雲龍，只不過其一母題（motif）紋飾而已。

除了有年號題記及銘文的戴維德青花雲龍瓶被採用作「試金石」（即馮先銘所謂的「標準器」）與在中東同風格類型的器物來做對比[23]，找到了結論。現在我們倒轉過來，再用高安出土窖藏元代的青花瓷器與其他早年英國收藏的

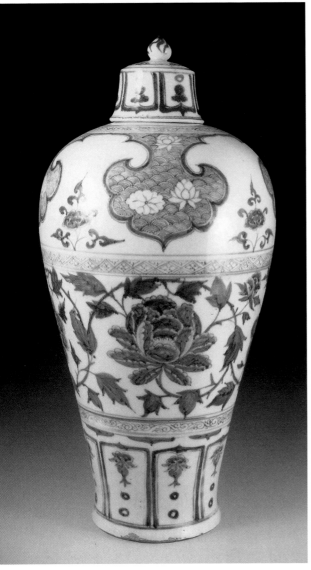

高安青花纏枝牡丹如意雲肩「樂」梅瓶

「至正型」青花瓷器相互比較，結果亦令人相當滿意。

高安市博物館劉金成館長在其編著《高安元代窖藏瓷器》一書報導，該窖出土有6件帶蓋梅瓶，為一組6件配套[24]。瓶蓋內壁與瓶底分別用筆墨書寫有「禮、樂、射、御、書、數」六字楷書下款。無論造型、胎質、釉色、紋飾皆基本一致。

「射、御、書、數」4件為雲龍帶蓋梅瓶。「禮、樂」分別為纏枝牡丹如意雲肩紋帶蓋梅瓶，除了如意雲內的荷蓮形狀稍有出入，其他紋飾全部相同——腹部主體紋為綻放纏枝牡丹，肩部工筆繪披四塊如意雲，開光內填

22 Margaret Medley, *The Chinese Potter—A practical history of Chinese ceramics*, London, 1989, reprinted 1998. pp.178-189.孟德莉曾為英國倫敦大學戴維德中國藝術基金會館長（Curator, Percival David Foundation of Chinese Art, University of London）。

23 「長期以來陶瓷研究者對元代瓷器，尤其對景德鎮青花瓷器認識不清，主要原因是考古學上沒有找到鑒定元青花的標準器，無以對其進行對比綜合研究……這件作品（張錯按：指戴維德龍瓶）揭開了元青花的真面目，成為斷代研究的標準器。結合伊朗阿底別爾寺廟、土耳其伊斯坦布爾博物館……江西高安窖藏……出土的元青花瓷排比研究，證明14世紀中葉以後景德鎮青花工藝已經成熟，形成完美的時代風格。」馮先銘主編《中國古陶瓷圖典》〈類別篇：至正型青花瓷器〉，北京文物出版社，2002 二刷，p.112。

24 劉金成編著，《高安元代窖藏瓷器》，北京朝華出版社，2006，pp.52-62。

水波紋為藍地，上繪三朵白色荷蓮浮動，青花水波地紋襯出潔白蓮花，青者自青、白者更白。如意雲中間空白補襯折枝靈芝。腹肩之間有三條寬弦帶，分繪捲草、仰覆蓮、錦地紋等圖案。脛部飾雙鉤變體蓮瓣，全器層次分明。

「禮、樂」梅瓶的圖案風格，除了腹部主體紋飾變化有別之外（牡丹、茶花或雲龍等），都是屬最典型並有代表性的元末「至正型」的「如意雲肩」青花梅瓶構圖。這類如意雲圖案，又以瓶、罐（牡丹梅瓶、雲龍蓋罐、大碗）等最多。「雙鉤」描繪非常明顯，即是先用筆以雙線鉤出圖案邊（如意雲、牡丹、雲龍等紋飾），再在中間空白處加塗上青花釉。

如果把這兩個梅瓶與葛納《東方青花瓷》書中的兩個在英國收藏的1／元代青花如意雲肩纏枝花卉梅瓶（Plate 17，Mrs. Alfred Clark藏品），2／元代青花如意雲肩鳳凰草蟲纏枝果葉八棱梅瓶（Plate 18，Mr.Frederick M.Mayer藏品）比較，我們便知道風格基本上一致，也就更進一步肯定這對英國收藏的梅瓶年

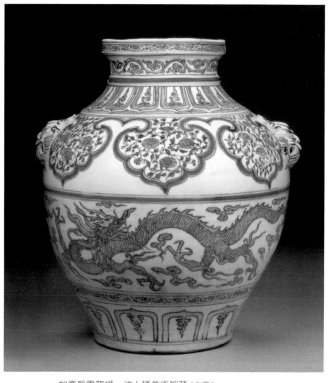

如意肩雲龍罐　波士頓美術館藏（左圖）
青花纏枝牡丹鴛鴦梅瓶A面　元　上海博物館藏（右圖）

代序——風格定器物

元青花纏枝牡丹鴛鴦梅瓶B面　豐滿穩重之感。腹部主題紋飾為纏枝牡丹，底部繪七瓣仰蓮，肩部飾四如意頭雲紋，其中分別用青花海水作地，空出兩對對稱的鷺鷥荷花與鴛鴦蓮池。是元代青花瓷器中的精品。上海博物館藏（左圖）　青花梅瓶　元　香港天民樓藏（右上圖）　青花梅瓶　元　台北鴻禧美術館藏（右下圖）

代，應該就是元末「至正型」的青花瓷了。

　　上面兩個英國如意雲肩梅瓶的基本紋飾是這樣的：

　　「青花如意雲肩纏枝花卉梅瓶」的腹部主體紋為綻放纏枝牡丹花葉，肩部工筆繪披四塊如意雲，開光內有花葉為地，上繪飛鳳。如意雲中間為空白釉，腹肩之間有三條寬弦帶，分繪捲草、仰覆蓮、錦地紋等圖案。脛部飾雙鉤變體蓮瓣，全器共分六大層次。

Frederick Mayer氏收藏元代青花如意雲肩鳳凰草蟲纏枝果葉八棱梅瓶（鳳凰面），此瓶於1974年6月25日佳士得拍賣中由松岡清次郎以231,000英磅購得，現存松岡美術館（左圖）
Mayer氏收紋藏元代青花如意雲肩鳳凰草蟲纏枝果葉八棱梅瓶（草蟲面）（右圖）

　　「青花如意雲肩鳳凰草蟲纏枝果葉八棱梅瓶」因為是八方棱瓶，構圖方式與其他梅瓶稍有不同。同是如意雲，但大塊如意雲分三個層次布滿全器，每層四塊，大小不同。腹部四塊開光最大，有如庭園窗戶借景（帶動清代粉彩大型開光的先河），主體紋分別交錯為鳳凰飛舞與草蟲纏枝果葉兩種。上層四塊如意雲交錯內繪為纏枝菊花及牡丹花卉，下層四塊如意雲最小，交錯內繪纏枝番蓮。全器如意雲空間繪滿細緻的藤蔓紋，驟眼看來，藤蔓紋飾在整體結構裡，亦做成另一塊如意雲構圖，巧思繁複，整齊對稱，次序分明，豐滿雄渾，世所少見，實是精品。

代序——風格定器物

「如意雲肩八棱梅瓶」在「至正型」青花是一主要大類，其他八棱瓶不同的開光紋飾也有「荷塘鴛鴦」等，可參考比較它們的「有恆風格」。

因此我們可以這樣說，元末青花成就非凡，近年宛然成為青花瓷學不可或缺之一環，而讓多年蒙塵在伊斯蘭國家許多的青花瓷器走上世界舞台，還是早五、六十年前由西方學者帶動風格論研究影響的成果。[25] 也許風格論只能應用或實踐在某些歷史完整的收藏品上，譬如本文未提到或提到的戴維德基金會收藏、阿岱比爾神廟收藏、伊斯坦堡的托卡普・莎拉伊博物館收

Mrs. Alfred Clark 氏收藏元代青花如意雲肩纏枝花卉梅瓶

25 據報導，早在2001年3月底，由蔣奇栖多年不鍥不捨的努力，終於在土耳其總理的特批下，中國七位陶瓷專家，包括費伯良、李輝柄（北京故宮博物院研究員）、汪慶正（上海博物館館長）、劉新園（江西景德鎮考古研究所研究員）、許明（上海社會科學院研究員）等人，親訪土耳其托普卡比博物館。他們回國後的引述，引起元青花瓷研究很大的衝擊。後出版有《托普卡比宮的中國瑰寶——中國專家對土耳其藏元青花的研究》一書，北京藝術博物館編，北京燕山出版社，2003年。該書展示了托卡普皇宮所藏全部40件元青花瓷器，比波普早年鑑定還多了9件。

目前有關「至正型」青花專書有裴光輝，《至正型青花瓷》，福建美術出版社，2004。裴書亦循風格論方法於第三章「至正型青花瓷的特徵」內，分五類特徵風貌研究。見該書pp.29-75，佔全書總75頁數2/3強。有關元青花分期的爭論，無論「至正型」也好，「延祐型」也好，裴氏指出：作為一個類型概念，「無論從造型、紋飾還是青花呈色，都找不到一批有明顯而統一特徵的"「延祐型」青花瓷器來"。」是有見地之論，見書p.20。

永樂青花一把蓮大盤　明（上圖）　Ottoman Turkish 突厥奧圖曼的玻璃釉下彩蓮盤　1500-1570　明顯受到明青花一把蓮的影響　大英博物館藏（右頁圖）

藏、江西高安縣城出土的元代窖藏，以及其他出土的墓葬窖藏。[26] 這面西方的學術借鏡，讓我們找到了青花瓷器發展過程中一段本來真面目。

　　由於比較與檢閱這些元青花在阿拉伯國家的「樣本」風格，除了明顯交替採用顏色較淡的國產青料及濃麗的伊斯蘭地區「蘇麻離青」鈷料（又稱「蘇泥渤青」或「回回青」）外，讓我們重新建立對元末青花的特徵辨識，更藉此把這些間接或直接輸入伊斯蘭地區的瓷器（不單只是青花，還有大量龍泉青瓷、磁州瓷等）帶出一個新的美學研究領域。就像當年古希臘在北印度的「犍陀羅」影響中國佛教雕塑藝術，許多元、明青花造型或紋飾明顯受到西亞藝術

影響。[27] 同樣，也影響西亞陶瓷的造型圖案。

　　歷史證據顯示，元明瓷器是中國對中東國家自陸上或海上絲綢之路貿易輸出的一大項目。除了明朝鄭和自永樂到宣德，八下西洋，開發海道航線，遠至非洲。元朝早自1277年在泉州、慶元（寧波）上海等地設有市舶司，更任僱自南宋以來就主持泉州市舶司的阿拉伯人蒲壽庚，繼續主持泉州市舶司。「考古調查沿海港口城市及外國，發現瓷器數量遠遠超過宋朝……元朝與亞洲、非洲、歐洲各地有廣泛交往。各國人士來到中國，帶來了文化信仰、生活習俗、優秀工藝品和技術，也帶來特有的原料，或多或少地影響到瓷器藝術的創作。」[28] 因此在圖案設計、型態規格大小等等，均依照伊斯蘭國家人民的宗教習俗，受到買主意願左右是合理而順理成章的。由此一來，歐亞大陸或西域陶瓷造型又重新有了與中國陶瓷息息相關或相互影響的可能，成為中國青花陶瓷或其他瓷種在異國造型影響下，一個新而值得研究的課題。

26 譬如早在1964年元大都遺址（北京城）開始的勘察工作，及正式於1969-1974年的大型考古發掘。首都博物館有出土和傳世元青花瓷16件，其中最重要的出土為1970年舊鼓樓大街豁口東發掘的元代窖藏，內有青花瓷10件。據原北京首都博物館館長馬希桂研究了解，元青花瓷並非全為型大胎厚，其中亦有胎薄細膩、精緻玲瓏的瓷器。而且設計新穎，與眾不同。大型器物「所繪紋飾多構圖嚴謹，繁複密集，層次多，畫面滿，一件器物紋飾往往多達七、八層之多，但處理得當，主次分明，渾然一體。整個畫面並無繁褥、雜亂、堆砌和瑣碎之弊，給人以和諧完美、富麗典雅之感。」馬希桂，〈簡論元大都遺址出土的瓷器〉，台北《歷史文物》月刊，2003, 05, no.118，p.77。上面一段亦可視為「風格論」。

27 「至正型青花瓷器裝飾佈局有波斯、阿拉伯等西亞藝術的影響，例如細頸小口扁壺上繪出寬葉植物，用二方連續或四方連續的手法佈滿全器。繪瓷鈷料屬於波斯鈷料，明朝文獻有記錄。元朝末年發展起來的青花瓷器，主要是適應海外貿易的需要而生產的……」李知宴，《中國陶瓷文化史》，台北文津出版社，1996，p.276。但以阿拉伯文作為主要紋飾的元代陶瓷作品並不多，亦非作品主紋，「一直到了明永、宣時期，中國銅器、陶瓷上才常見阿拉伯文的紋飾，且於明武宗正德時期有較普遍的存在」，陳玉秀，〈以紋識意──從阿拉伯文紋飾談正德時期伊斯蘭教的意涵〉，見註1，p.78。

28 同上，p.265.

風格定器物

卷 一 器物巻

風格定器物
器物卷 卷一

鸚鵡力士・吳姬壓酒
唐代飲酒物質文化及西域影響

前言

長近三百年歷史裡的大唐帝國，不僅代表著盛世輝煌，同時也是華夏種族文化發展史裡一個重大的分水嶺。我們可以把第一帝國秦漢以降的魏晉南北朝看成外族入華的一次大融和，把第二帝國的隋唐看作第二次種族文化大融和，而第二次更龐大更具規模，擴展入中亞、西亞及歐洲與中國的文化交流。細觀唐朝，就像陳寅恪先生強調中古史的分水嶺位置，前期結束了魏晉南北朝相承的局面，後期開拓了趙宋以降的新局面，最具代表性當然是貞觀到天寶一百二十年間（627-755）的昇平盛世，為時代分界線。[1]所謂天下安平，百姓殷富，甚至「太倉委積，陳腐不可較量」。

富有獨立之精神與自由之思想的陳先生又進一步指出，與外族接觸繁多的李唐一代，能享此光榮盛世，並非單純中國與某甲外族間之單獨性，而實有賴於「外族盛衰之連環性」與「外患與內政之關係」。[2]

本文即追循陳寅恪的「連環」及「關連」史學方法，企圖從視覺文化及物質文化角度來看唐代飲酒、酒器、人物在詩文的文學互動，梳理出「外族」西域葡萄入華後引起多元種族在物質文化產生出的變化影響。

---

1 陳寅恪先生在《唐代政治史述論稿》上篇〈統治階級之氏族及其升降〉內稱，「論唐史者必以玄宗之朝為時代劃分線，其事雖為治國史者所得略知，至其所以然之故，則非好學深思通識古今之君子不能詳切言之也」北京三聯書店，2001，p.235；又繼指出，「綜括言之，唐代之史可分前後兩期，前期結束南北朝相承之舊局面；後期開啟趙宋以降之新局面，關於政治社會經濟者如此，關於文化學術者亦莫不如此。」《金明館叢稿初編：論韓愈》，北京三聯書店，2001，p.332。

2 見陳寅恪《唐代政治史述論稿》下篇〈外族盛衰之連環性及外患與內政之關係〉。同上。陸鍵東進一步分析陳先生的史學思想，認為他「尤擅從社會變遷、風俗流變、地理環境、種族文化、人文背景等諸方面考察某一特定的歷史現象……」見陸鍵東，《陳寅恪的最後20年》，三聯，1996，P.266.

鎏金鸚鵡紋提樑銀罐（上三圖）

一、葡萄酒、酒器傳承及西域影響

我們先看一首李白的〈襄陽歌〉：

落日欲沒峴山西，倒著接籬花下迷。襄陽小兒齊拍手，攔街爭唱白銅鞮。
傍人借問笑何事，笑殺山翁醉似泥。
鸕鷀杓，鸚鵡杯。百年三萬六千日，一日須傾三百杯。
遙看漢水鴨頭綠，恰似葡萄初醱醅。
此江若變作春酒，壘麴便築糟丘台。千金駿馬換小妾，笑坐雕鞍歌落梅。
車旁側掛一壺酒，鳳笙龍管行相催。咸陽市中歎黃犬，何如月下傾金罍。
君不見晉朝羊公一片石，龜頭剝落生莓苔。
淚亦不能為之墮，心亦不能為之哀。
清風朗月不用一錢買，玉山自倒非人推。
舒州杓，力士鐺。李白與爾同死生，襄王雲雨今安在，江水東流猿夜聲。

全首以飲酒為題旨，酒的典故極多。詩人思飲心切，遠看漢水碧綠顏色，以為是重釀而未過漉（醱醅）的葡萄酒。宋代類書《冊府元龜》卷 970 載，貞觀 14 年（641），唐太宗派侯君集發兵「破高昌，收馬乳葡萄實，於苑中種之。並得其（釀）酒法，帝自損益造酒，酒成，凡有八色，芳香酷烈，味兼醍醐，即頒賜群臣，京中始識其味。」

宋朝錢易《南部新書》丙卷內亦提到葡萄酒八色中有碧綠顏色，「太宗破高昌，收馬乳蒲桃種於苑，並得酒法，乃自損益之，造酒成綠色，芳香酷烈，味兼醍醐，長安始識其味也。」馬乳蒲桃即葡萄果實形橢圓似馬乳。

葡萄乃是漢代（西元前 128 年）張騫鑿空行，自西域把葡萄連同苜蓿種籽一起帶回中國，文獻皆有載。方豪在《中西交通史》一書內認同日本學者桑原騭藏的研究，二物皆是張騫死後，由無名使者輸入。[3] 其實西方考古學者如勞弗爾（Berthold Laufer, 1874-1934）早在 1919 年就指出葡萄栽種的最早發端可能來自閃族（semitic），而中國人後來自歷史後期的伊朗國家大宛得到葡萄，可見各種葡萄那時已普遍培植於包括伊朗的亞洲西部了。[4]

張騫在漢初出使西域的四國，雖僅有大宛、大月氏、大夏及康居（粟特，

其葡萄酒亦極著名），其中大苑（今中亞費爾幹納 Fergana）出產葡萄，經張騫傳入中國，殆無疑問，亦不必深究是張或其他使節帶進。[5] 司馬遷即根據張騫報告資料，撰寫《史記》卷 123〈大宛列傳〉內云：

> 宛左右以蒲萄為酒，富人藏酒至萬餘石，久者積數歲不敗。俗嗜酒，馬嗜苜蓿。漢使取其實來，於是天子始種苜蓿蒲萄肥饒地。及天馬多，外國使來眾，則離宮別館盡種蒲萄，苜蓿極望。
>
> ……
>
> 大宛在匈奴西南，在漢正西，去漢可萬里。其俗土著，耕田，田稻麥。有蒲陶酒。多善馬，馬汗血，其先天馬子也。

漢朝時在西元前後二世紀間，希臘羅馬及西域諸國早有葡萄美酒，而中國主要酒精飲料，仍為五穀類發酵飲料的白酒。張騫把葡萄種子帶入中國種植，並在漢宮上林苑果實纍串，但皆是當作水果食用。雖然後來 5 世紀時，因為敦煌氣候及土壤適宜，大量繁殖，但仍未有足夠條件釀酒。[6]

進入生產釀製多姿多采葡萄美酒，則要等到 7 世紀唐朝文事武功鼎盛的貞觀時期征服高昌後，馬乳葡萄成功被移植在皇家園林。7 世紀末長安禁苑兩座葡萄園的葡萄，又分別被移植到長安以外氣候更適宜大量種植的地方，其中一

---

3 方豪，《中西交通史》上冊，台灣中國文化大學出版部，1983，p.111。桑原騭藏，〈隋唐時代來往中國之西域人〉，《師大月刊》1935，22卷。

4 "The Chinese received the grape-vine in late historical times from Fergana, an Iranian country, as a cultivation entirely unknown in previous epochs; and it is therefore sufficient for our purpose to emphasize the fact that vine-culture in its entire range was at that time firmly established in Western Asia, inclusive of Iran." Berthold Laufer, *Sino Iranica*, Field Museum of Natural History, Chicago, 1919, p.221. 中譯本有《中國伊朗編》，林筠因譯，商務印書館，1964.

5 勞弗爾繼稱「我們也不應認為張騫的事業一結束，葡萄樹在中國的傳播也就完成了；其實葡萄的種籽後來還陸續不斷地傳入內地，康熙還從新疆將新品種的葡萄輸入內地。在中國葡萄種類甚多，若說都是由一個人在同時帶回來的，那是難以令人置信的。」同註4，此段採用中譯本，p.53。

6 三國魏文帝曹丕喜葡萄，〈與吳監書〉內曾云「醉酒宿醒，掩露而食，甘而不饖，脆而不酸，冷而不寒，味長汁多，除煩解倦。又釀以為酒，甘於曲蘖，善醉而易醒。道之固可以流涎咽唾，況親食之耶？南方有橘，酢正裂人牙，時有甜耳。即遠方之果，寧有匹者乎？」釀以為酒，亦指來自西域之葡萄酒。隋代天水墓葬石屏風描繪有釀造葡萄酒的作坊；山西太原虞弘墓的漢白玉石槨浮雕，亦雕有胡人在平臺上踐踩葡萄，邊舞蹈邊釀酒，蛛絲馬跡，都顯露出胡人與葡萄酒已入中原。

處就是山西太原。謝弗（Edward Schafer）指出，「燕姬葡萄酒」就是山西太原出產的葡萄酒，也是每年大量進貢朝廷的馬乳葡萄酒。此佳種葡萄顏色深紫，以形狀而言為橢圓形的「馬乳」（mare's teat）與當日流行外號「龍珠」（dragon beads）的圓形葡萄相映成趣，更能引人遐思。「全唐詩」第 11 冊，820 卷〈妓女〉條內載，長安宮城與東市之間的平康坊名妓趙鸞鸞，有〈酥乳〉詩一首，唐人浪漫情色，躍然紙上，就如馬乳紫葡萄，亦不倖免：

粉香汗濕瑤琴軫，春逗酥融綿雨膏
浴罷檀郎捫弄處，靈華涼沁紫葡萄。[7]

唐人宮樂圖　宋人臨摹

詩人劉禹錫亦有〈葡萄歌〉，提及「種此如種玉」的馬乳葡萄，所謂「馬乳帶輕霜，龍鱗曜初旭」，一朝釀成美酒，就會讓人流連「令人飲不足」。詩內汾陰晉客，正是指來自山西太原的客人。

　　野田生葡萄，纏繞一枝高。移來碧墀下，張王日日高。分岐浩繁縟，修蔓蟠詰曲。颺翹向庭柯，意思如有屬。為之立長檠，布濩當軒綠。米液溉其根，理疏看滲漉。繁葩組綬結，懸實珠璣纍。馬乳帶輕霜，龍鱗曜初旭。有客汾陰至，臨堂瞪雙目。自言我晉人，種此如種玉。釀之成美酒，令人飲不足。為君持一斗，往取涼州牧。

　　李白「一日須傾三百杯」的酒器，提到鸚鵡杯與鸕鶿杓。唐人喜以長杓作舀撈飲茶或酒，樽、盤、鐺、杓、杯碗等是基本飲器。著名例子就是現藏台北故宮的一幅〈唐人宮樂圖〉，此幅畫上有唐代宮嬪十人，濃麗豐腴，圍坐錦墊矮椅，在一張長方大桌飲宴；各人自得其樂，有四人以篳篥、琵琶、箏、笙合奏，有人取茶

馬乳葡萄

碗而飲，有人無所事事。一般藝評多著重於畫中仕女衣著髮髻或家具樂器的考究，殊不知讓人注目尚有右邊坐著的第三位仕女，取長杓入大盤勺取茶湯而飲。以桌面人、物尺寸大小比例而言，此長杓與湯盤頗為碩大，亦見唐人善用湯杓或酒杓分別取飲茶酒。酒杓的用途，從盛酒器中挹酒斟注於杯盞內。鸕鶿

7 Edward H. Schafer 提到平康坊名妓趙鸞鸞於《全唐詩》錄詩五首。僅其中〈酥乳〉一詩與馬乳葡萄有聯想關係。見氏著 *The Golden Peaches of Samarkand*，U. of California Press,1963, p.142。亦可參考此書中譯本，謝弗著，吳玉貴譯，《唐代的外來文明》，中國社會科學出版社，1995。此處疑謝弗對圓葡萄名稱「龍珠」有誤，因如取自李時珍《本草綱目》列出的四種葡萄，按照勞弗爾最早引用叫做「草龍珠」（vegetable dragon pearls），不是「龍珠」（dragon beads, or pearls）. 見註4，Laufer, p.228.

鸕鶿

杓是一種造型特殊酒具，彎曲的杓柄極富動感。鸕鶿是一種似雁的水鳥，頸長彎曲、長喙可捕魚、腳在後體，故站時蹲姿。

1983 年河南省偃師市杏圓村的唐墓出土鎏金鸕鶿杓 1 件，長 24.4 公分，杓柄扁而修長，彎柄末端形制頗似鸕鶿梟頭引頸彎曲。杓面上視呈九曲花瓣狀，器表面以魚子紋地，鏨刻尖瓣寶相花及雀棲花枝為紋飾圖案，工藝精湛，瓣上皆刻有纏枝花。柄身彎出趁手，上鏨小纏枝花紋，梟頭有眼睛及長喙，繞眼茸毛及長白眉毛依稀可見。造相惟妙惟肖，細緻亮麗，故名鸕鶿杓。[8]

1989 年西安東郊國棉五廠 29 號墓亦出土有銀鴻雁銜綬匙，稍短，長 12 公分，通體以魚子紋為地，其柄尾之鴻雁首形柄亦似鸕鶿顱頭帶喙，做工技藝精良嫻熟，線條流暢，是唐代金銀器手工業高度成熟表現，可見鸕鶿、鴻雁杓匙是唐代流行造型款式之一。[9]

舒州杓的舒州為今天安徽懷寧縣，《新唐書》卷 41〈淮南道〉內載，「舒州同安郡，至德二載更名盛唐郡，後複故名。土貢：紵布、酒器、鐵器、石斛、蠟。」舒州杓不見得就是鸕鶿杓，但應該是舒州出產的杓子，亦可見唐代舒州以酒器著名而上貢京師。

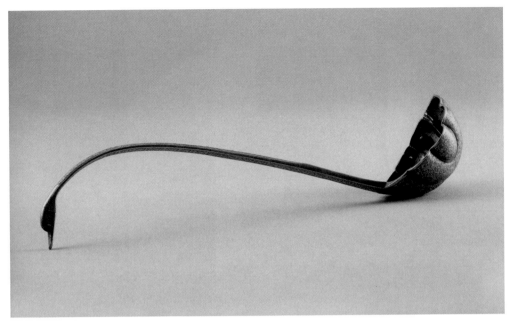

偃師鸚鵡杓（上圖與右下圖）

　　鸚鵡杯就是形似鸚鵡的酒杯，用鸚鵡螺
（nautilus）造成。鸚鵡螺是印度洋及西大平
洋的稀珍大貝類動物，光澤亮麗如珍珠雲母，
捲曲盤旋似蝸殼，有純白或棕色旋條紋兩種主
色。棕色螺外殼斑斕，似老虎斑紋，又稱老虎

鸚鵡螺（stripped tiger nautilus），旋紋尾尖蜷屈呈黑色或朱紅色，亦似鸚鵡藏
鉤啄於羽翅，遂稱鸚鵡螺。

　　鸚鵡本為能人語之鳥，唐代貴族多伺養其珍貴品種。玄宗有白鸚鵡名「雪

---

8 此資料取自中國社會科學院考古研究所編著《偃師杏圃唐墓》，北京科學出版社，2001，p.132.

9 《天可汗的世界：唐代文物大展》目錄，台北，2002。此匙據所出墓誌云：墓主為一韋姓女姓，葬於開元
　　21年（733），與其同出土還有鎏金銀背鏡等物，p.57.

10 《太平御覽》卷924引唐鄭處誨《明皇雜錄》：「開元中，嶺南獻白鸚鵡，養之宮中……忽一日，飛上
　　貴妃鏡臺，語曰：「雪衣娘昨夜夢為鷙鳥所搏，將盡於此乎！」……上使貴妃授以《多心經》，記誦頗
　　精熟，日夜不息，若懼禍難，有所禳者。上與貴妃出於別殿，貴妃置雪衣娘於步輦竿上，與之同去。既
　　至，上命從官校獵於殿下，鸚鵡方戲於殿上，忽有鷹搏之而斃。上與貴妃嘆息久之，遂命瘞於苑中，為
　　立塚，呼為鸚鵡塚。」

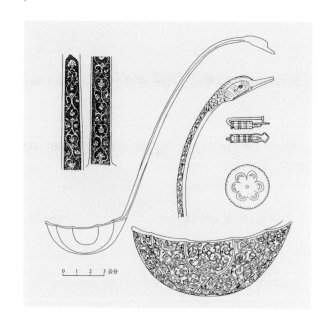

衣娘」[10] 軼事，據説此鳥能誦《心經》，益增傳奇。因而金銀杯盤、銅鏡罐壺，不乏鸚鵡形象紋飾。[11]

唐代詩文亦有提及鸚鵡杯，駱賓王〈蕩子從軍賦〉有「花有情而獨笑，鳥無事而恒啼。蕩子別來年月久，賤妾空閨更難守。鳳凰樓上罷吹簫，鸚鵡杯中休勸酒。同道書來一雁飛，此時織怨下鳴機。」之句。盧照鄰〈長安古意〉內亦有「漢代金吾千騎來，翡翠屠蘇鸚鵡杯。羅襦寶帶為君解，燕歌趙舞為君開」，皆是指用這類貝殼螺杯以飲美酒。

唐昭宗時任廣州司馬的劉恂在《嶺表錄異》（見《太平廣記》卷 465 水族 2）載，「鸚鵡螺，旋尖處屈而朱，如鸚鵡嘴，故以此名，殼上青綠斑，大者可受二升。殼內光瑩如雲母，裝為酒杯，奇而可玩。」到了元末明初，曹昭《格古要論》又記載，「鸚鵡杯即海螺盞，出廣海，土人琢磨，或用銀或用金

偃師杏圓唐墓，取自註8。（上圖）
銀鴻雁銜綬紋匙（下圖）

虎紋鸚鵡螺剖半（上圖）
鸚鵡螺杯　東晉王興之墓　南京博物館藏（左下圖）
鸚鵡螺半面圖（右下圖）

---

11 唐代銅鏡的花鳥紋飾極為流行，除「雙鸞銜綬鏡」、「雙鳳銜花枝鏡」外，尚有「雙鸚鵡鏡」。1970年西
　安市南郊何家村窖藏亦曾出土有國寶級的「鎏金鸚鵡紋提梁銀罐」。

鑲足。」方知鸚鵡杯是用鸚鵡海螺造成的酒盞,並以金銀鑲嵌裝飾。以上這些,都是文字記載。

　　一直要到 1965 年出土於江蘇南京象山東晉王興之夫婦墓的鸚鵡杯,物證真相方始大白。[12] 此杯是目前考古唯一證據,貝殼本就保存不易,時光日久,多早已碎裂腐爛。王興之為大書法家王羲之表親,王氏家族為東晉豪門之首,鸚鵡螺杯應是墓主人王興之生前把玩飲用的酒器。可惜 4 世紀的鸚鵡杯出土後光澤盡失,金箍損蝕,已非本來面目。

　　慶幸的是鸚鵡杯完整無缺,讓人明白是一個完整鸚鵡螺做的杯子,而非把螺殼切開一半。杯長 13.3 公分,寬 9.9 公分,高 10.2 公分,利用螺殼自然捲曲形狀,在螺殼口部及中脊等處鑲箍鎏金銅邊,殼口再鑲鎏金銅邊伸出雙耳,有如戰國漆器耳杯捉手相同。鑲箍鎏金銅邊不只是美化器物,也是為保護撐持輕薄易碎的鸚鵡螺。驟眼看來,口部銅邊勾勒螺殼旋尖彎向器口的線條,就像一只鸚鵡轉頭剔梳牠的羽毛,也似把頭插入翅羽中睡覺。如此看來,以鸚鵡螺為酒杯外型造像,確是具有它的美學觀點。

　　可是問題是,為何要偏偏要用鸚鵡螺來造杯飲酒?原來鸚鵡螺內殼有一小孔,直通尾部,內裡有氣室層層相隔、九曲十三彎,甚是詭曲。[13] 斟酒時酒從小孔慢慢滲流入每一個隔層氣室,但倒酒時却愁腸千轉,不能一傾而盡,煞費功夫。其藏酒之妙,對亟欲乾杯盡歡的人,好像飲也不盡,是一項極大挑

偃師杏圓唐墓螺杯　唐代　高2.5cm×口徑12.5-4.7cm　中國社會科學院考古研究所藏

戰，情急之餘，若能慢下淺斟低醋，卻又平添無窮樂趣。清代李調元（1734-1802）的《南越筆記》（又名《粵東筆記》）卷 6〈酒器〉內載：

> 有鸚鵡杯，本海瀛殼也，出瓊州三亞港青欄海中。前屈而朱，如鸚鵡嘴然。尾旋尖處作數層，一穴相貫，甚詰曲，可以藏酒。其色紅白青紫相間，生取者鮮明。《異物志》云：扶南海有大贏如甌，其體蜿蜒委曲。盛酒在中，自注至傾覆，終不盡，以伺誤相罰為樂。

原來用鸚鵡杯其一目的是「以伺誤相罰為樂」，方知可助酒興，盛酒其中，傾飲不盡，是一種玩樂酒器。賓主之間倒酒伺飲，乾者為勝，誤者被罰，以增飲興。

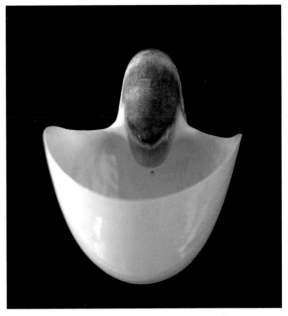

鸚鵡螺內小孔（上圖）
偃師海螺殼與骰子（下圖）

---

12 James Watt, et al. *China: Dawn of a Golden Age, 200-750 AD*, The Metropolitan Museum of Art, New York, Yale University Press, 2004, p.212. 據此書內專家指出，該杯之鸚鵡螺應是來早年東南亞航海貿易的印尼，然此杯長僅13.3公分，屬中型鸚鵡螺，不算稀品，因要屆18公分（7英寸）才算稀有大型鸚鵡螺殼（以純白居多），則似乎出自瓊州（海南島）三亞等地較為可靠。南海一帶，爪哇航運要到明清時代荷屬巴達維亞（Batavia）才始發達。

13 鸚鵡螺在水中昇降沉浮，全在體內小孔吸水入螺增加重量以潛水，迫水出孔外讓殼中空以浮水。當鸚鵡螺要下沉時，牠會將氣室充水，要沉得愈深，就將愈多氣室充水。相反地，要上升就將氣室充氣，它曾有下潛到600公尺深的紀錄。據云此浮沉原理開發人類創造了潛水艇，1954年美國第一艘核能動力潛水艇即命名為「鸚鵡螺號」Nautilus。

鸚鵡杯應該是整個鸚鵡螺做成的酒杯，而非把螺剖半一分為二。1983 年偃師市杏圓村的唐墓出土的金銀器中，有半個長 12.5 公分的金黃色海螺殼（現存中國社會科學院考古研究所），被稱為鸚鵡杯，這是不正確的。其實這半邊海螺殼在出土時內放骰子五枚，可能只是盛載骰子的用具。不知為何，骰子傾出後，以訛傳訛，這半邊螺殼也就被人稱為鸚鵡杯了。[14]

李白詩中還提到溫酒的力士鐺。鐺（音cheng，沉）是一種金銀溫器，三足，名力士，應與高力士無關。唐代金銀器出土，歷年考古有三大發現，那是 1970 年西安市南郊何家村出土的唐代窖藏、1978 年在陝西扶風法門寺地宮出土的唐僖宗皇室禮佛金銀器及 1982 年江蘇丹徒縣丁卯橋出土的唐代銀器窖藏。何家村與法門寺出土金銀器均為宮中瑰寶，其工匠之巧、工藝之精，無與倫比。江蘇丹徒縣丁卯橋銀器窖藏在唐代屬潤州丹徒縣，潤州是唐代南方金銀器生產樞紐地區，宋徽宗政和三年（1113），升潤州為鎮江府，地處江南運河入江要塞，唐代漕運和民間船隻都要從這裡航行。

丁卯橋銀器窖藏於中晚唐時期，與銀器一同出土還有越窯青瓷、白瓷及蓮花紋瓦當。中晚唐時期，地方官吏進奉之風甚盛，大量南方金銀器流入宮廷，丁卯橋窖藏銀器可能就是潤州地方官吏準備向皇室進供的貢品。唐代皇家貴族迷信使用金銀器可以延年益壽，長生不死，因而在日常生活特別講究金銀飲食器具。西安市郊何家村窖藏出土共 1000 餘件的金銀器，種類豐富，器形多樣，銀盒較多，用來盛放丹藥的純金盒稀少。[15] 飲食器具就有 270 多件，占了極大比例。

現藏「鎮江博物館」丁卯橋窖藏銀器中，有鎏金雙鳳紋飾銀盒，盒為四出蓮瓣形，蓋面錘刻凸花，以雙鳳銜綬

鎮江鎏金魚化龍紋大銀盒外底刻銘記「力士」兩字（上圖）
丁卯橋窖藏銀器鎏金雙鳳紋飾銀盒　鎮江博物館藏（左頁上圖）
江蘇丁卯橋銀器力士刻銘拓本（左頁下圖）

為主飾，周邊刻有八對相向飛雁，並襯以纏枝蓮花和魚子地紋。蓋及盒 壁各刻纏枝捲葉紋的八組奔鹿，圈足一周刻十隻飛翔鴻雁。外底刻有「力士」、「伍拾肆兩壹錢貳分」字樣。唐代在金、銀器上鏨刻或毛筆墨書標記出器物斤兩或器內物件名稱，乃是唐代管理金銀器及量衡見證。當時管理者為了表明貨真價實，遂發明出用鏨刻、墨書標出重量，以便隨時掂量秤稱。這類鏨刻墨書在唐代出土金銀器最是普遍。

---

14 見註5《偃師杏圓唐墓》圖片說明，該書分別列上兩片圖片，一為有半個長12.5公分的金黃色海螺殼彩圖，被稱呼為「鸚鵡杯」，視該半面海螺並非鸚鵡螺，應是誤會。另一黑白圖片顯示此海螺內放骰子五枚，應是賭具輔助器之一。

15 丁卯橋銀器較多，純金盒極少，目前出土純金圓盒，就只僅何家村窖藏出土金盒兩件，用來盛放「大粒光明砂」及「麩金」以供皇家服用不老不死之藥。大粒光明砂即朱砂或丹砂，《抱朴子・仙藥》內載：「仙藥之上為丹砂，次則黃金，次則白銀……」，可見服用小量丹砂、金銀為常見丹藥。另何家村出土銀盒多件內放管狀鐘乳石，為古代強身健體、延年益壽之丹藥。可參考譚前學、賀達炘主編《神韻與輝煌——陝西歷史博物館國寶鑒賞》（金銀器卷），三秦出版社，2006。

丁卯橋論語玉燭龜型銀籌筒

　　但是令人注目的卻是銀盒外底鏨刻的「力士」兩字（即李白詩中提到的力士鐺），此二字亦同時見於窖藏其他銀盆、盤、碟、碗、銀著（六枝）、玉燭論語銀籌酒筒或成套酒具。

　　丁卯橋窖藏銀器於 1982 年出土後，《文物》即有一篇〈丹徒丁卯橋出土唐代銀器試析〉，作者提到除了銀釵、鐲、酒令籌外，絕大部分器物均鏨刻有規整的「力士」兩字，說明了此批銀器凡刻有「力士」銘文者均為同一次製品。但人們的興趣似乎「力士」二字更吸引人聯想到李白詩中的「力士鐺」或與他同時的高力士。作者從四方面推敲：1. 佛教中的天王「力士」，2. 是否為工匠名字，3. 唐代身份地位與銀器相稱又名力士者，4.「力士」可能是標明一種銀酒具的特定名稱。而作者結論較近於第 3，5. 盛唐顯赫一時的高力士，或

為成套的專用酒具。並舉《新唐書・韋堅傳》內載「豫章力士瓷飲器」，可為力士之例。[16]

《新唐書・韋堅傳》內云，天寶二年（743）韋堅於長安望春樓下，鑿潭以通漕，取洛、汴、宋山東小斛舟三百艘貯之潭，篙工柁師皆大笠、侈袖、芒屨，為吳、楚服。每舟署某郡，以所產暴陳其上。匯集各地名產陳列於舟中，船皆尾相銜進，數十里不絕，供玄宗欣賞，其中有「豫章力士瓷飲器」一種。

但是豫章在江西洪州（南昌），豫章力士瓷飲器應是洪州窯的一種，製瓷與金銀器的資源、技術各自有別，江西洪州很難聯想與江蘇潤州金銀器的關連。

齊東方在唐代的金銀器研究亦指出，丁卯橋窖藏銀器「明顯是唐玄宗時期之後的作品，不可能與顯赫一時的宦官高力士有任何聯繫。目前在唐代金銀器刻銘中見到的人名，主要出現在晚唐器物上，絕大多數為工匠和工官的姓名……丁卯橋窖藏出土的銀器屬中唐以後的作品，其上的『力士』二字，可能還是屬於工匠或作坊的名字」。[17]

可見刻有「力士」字樣的成套銀酒具，應是民間著名作坊或工匠招牌製作，有優質產品保證之意。但是仍未能解釋出開元天寶年間的李白能寫出「舒州杓，力士鐺」的詩句？難道晚唐器物有「力士」，盛唐就不可有「力士」？那李白如何知有力士鐺？

可惜李白詩中提到的力士鐺至今尚未見出土，不似南京博物館藏鸚鵡杯那般立竿見影。倒是河南省偃師市杏圓村的唐墓出土銅鐵合金製鸂鶒溫酒三足鐺一具，以鳧首為把柄，與鸂鶒杓屬同一造型風格，異曲同工，酷肖鸂鶒特徵。

陝西歷史博物館另藏何家村窖藏出土一個「金三足帶柄雙獅紋鐺」，提供不少這類用來溫熱的金銀鐺外型資料。金三足帶柄雙獅紋鐺為藥具，是煉藥器，不是溫酒器。據專家指出，「在道教煉丹術的丹訣中，鐺常作為煉丹器具使用。從何家村窖藏所出的藥物分析，此鐺當為煉丹器具」。[18] 其器捶揲而成，體較小，高 3.4 公分，口徑 9.2 公分，柄長 3.2 公分。鐺身作舐狀以熬

16 陸九皋、劉建國，〈丹徒丁卯橋出土唐代銀器試析〉，《文物》，no.11, 1982, p.28-33.
17 齊東方，《唐代金銀器研究》，中國社會科學出版社，1999，p.286-287.
18 同上註，p.114.

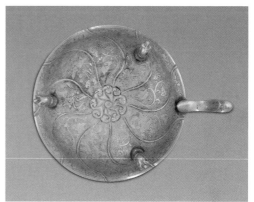

金三足帶柄雙獅紋鐺（上三圖）

藥或暖藥用，鐺柄尾端分開像葉芽狀。鐺下三足有爪呈獸腿狀。鐺內壁光滑
素淨，腹底以高浮雕紋飾以雙獅嬉戲。鐺底以團花一朵，旋劃出九道荷葉脈
絡，有如日照鋒芒。

晚唐入宋後金銀酒器急速消失，主要由於魏晉陶瓷酒器已是主流，隋唐緊
躡其後，到了宋代崛起雍容華美的官窯、定瓷酒器興起，注子、托子分別取代
酒鐺溫熱功能。觀覽南唐顧閎中〈韓熙載夜宴圖〉內繪描的飲宴瓷器用具，便
知一切。

最貼切酒鐺的例子是 1975 年在河北省石家莊附近贊皇鄉南邢郭村東魏李

希宗及其妻崔幼妃合葬墓出土近 200 件文物中的一套酒器。其中包括五個青瓷杯子、一套 4 件的仰蓮波紋銀酒盃、鎏金青銅酒壺、鎏金青銅大酒盤、三足長柄槽狀短流鎏金青銅酒鐺。[19]

　　根據考古工作者的考察，這幾件金屬酒器同五個普通青瓷酒杯放在一個直徑 49 公分的大銅盤內，一套 4 件的金銀酒器可能全是李希宗生前常用的飲酒器具，青瓷杯則是墓葬添加配置。鎏金酒壺圓腹造型，亦開啟了唐代金屬、陶瓷圓腹酒壺造型的先河。

　　仰蓮波紋銀酒盃造型優美，盃底飾浮雕六瓣蓮花，盃內作曲線蓮葉脈紋，高 3.8 公分、直徑 9.2 公分，是目前發現最早的北朝銀器。李氏合葬墓備有前後室，不同於一般只有單間的六朝墓室，隨葬品豐厚、形制超越常規，原因是

19 見註9，p.252-253。此套酒具內之銀鎏金酒壺可與另一何家村出土銀鎏金仰蓮花瓣座酒壺比較，見註6，p.69.

偃師鸂鶒鐺

李希宗的漢人特殊政治輔臣地位，深受東魏鮮卑執政者獻武王高歡集團的禮遇。李希宗把「容德甚美」的次女李祖娥許配給高歡次子高洋，後來成為改東魏國號為北齊文宣帝高洋的皇后。北朝的趙郡李氏可謂豪門望族，聲勢顯赫。根據李氏夫婦與北齊皇室的關係，墓中出土的鎏金酒具和金銀器應是皇室賞賜之物。

李希宗合葬墓出土有 3 枚拜占庭金幣索裡得（solidus），是古羅馬貨幣自西域流入中國的證據，但亦有專家指出這些金幣可能是經印度流入中國，因其中一枚 Theodosius II（統治年間為 408-450）的 1 號金幣常見於古印度。李希宗逝於東魏 540 AD，其妻崔氏逝於北齊 575 AD。另外 2、3 號兩枚金幣相同，為東羅馬帝國查斯丁一世（Justin I，統治年間為 518-527）及與其甥兒（Justinian I，統治年間為 527-565）於 527 年聯合統治拜占庭東羅馬帝國所鑄的金幣。[20]

3 枚金幣全都出土於墓室西側崔氏屍骨附近，其中除 1 號金幣鑽有兩孔外，2 和 3 號兩枚金幣嚴重剪邊，重量幾乎減少到原幣的一半，因此夏鼐先生推測它們並非通貨，而是崔氏佩戴飾物。這些金幣在中國並非太多，不大可能是貿易貨幣。可能是來自皇家賞賜，並跟隨死者為陪葬物，以表現墓主及其家

東魏李希宗及其妻崔幼妃合葬墓酒器及溫酒鐺

族受到的特殊恩寵。拜占庭金幣出現在李希宗夫婦身上，極可能是西突厥可汗送中原鮮卑王朝的外交禮物，由東魏或北齊皇帝轉賜給他的近臣、皇親國戚。

　　拜占庭金幣傳入中國途徑仍是絲綢之路，除金幣外，俄國的粟特考古學者馬撒（Boris Marshak, 1933-2006）指出，仰蓮波紋（fluted，即弦紋）銀酒盃有粟特銀盃的風格。[21] 粟特原居地本在葱嶺西的河中地區，早在南北朝時期建立了康、安、米、曹、石、何等城邦，漢文載籍謂之昭武九姓。這些國家位居中亞腹地，為貫歐亞大陸絲綢之路樞紐，亦是絲綢、黃金貿易的最大轉運站，諸國因之致富。粟特人以善在華經商出名，多豪商大賈，普遍稱胡人或波斯商人。到了盛唐，粟特波斯風格的金銀器影響唐代酒器極大，尤其酒盃。

東魏李希宗及其妻崔幼妃合葬墓出土羅馬金幣

二、唐代酒文化與西域胡姬

　　中國金屬飲食器物自青銅時代開始，無論在藝術或實用方面，一直未能掙脫先祖圖騰神話與祭祀功能的範疇。入漢後鐵器時代的日常生活飲食用具，鎏金、鑲嵌、金銀器上有進步發展，但仍未脫神話紋飾。魏晉南北朝的匈奴、鮮卑、羯、羌、烏桓等少數民族入主中原，帶來新的經濟與文化生活，與漢人聯合，造成前所未有的種族文化大融和。他們來自邊遠地區，與西域中亞諸國往來密切，金銀器、紡織等工藝美術品進入中國，金銀器藝及風格影響中國，為稍晚的隋唐帝國金屬飲食器物的輝煌藝術奠下良好基礎。

---

20 見註9，p.254.
21 同上，p.253.

金摩羯酒杯（疑為金叵羅）

　　粟特金銀工匠於西元 5-6 世紀，就能夠在器物壁面捶撰出凸凹起伏的多瓣裝飾，這種捶撰技巧（repousse）器物的技術風格影響唐代金銀器極大。一些粟特的金銀工匠隨著絲路進入中國長安居住，除了貢獻他們製造金銀器皿的藝術，還把技術傳授給本地工匠。唐代的金銀器大量吸收了中亞、南亞的造型藝術，採用西方器物在壁面捶撰出凸凹起伏的多瓣裝飾，把金銀原料儘量舒展拉薄，同時更別出心裁在器物上作出整體紋飾，風格流暢華麗，為西方所無。

　　隋唐以前飲酒習慣均用雙手捧飲，酒杯無柄把。夏商銅器惟一有帶把的斝是祭器，並非如爵般用作飲酒器。隋唐的金銀帶把酒杯多由粟特輸入或仿西域酒杯風格，在長安打造而成。葡萄酒一出，風行一時，多用較大杯子盛酒，由酒到器，自然而然溯源到西域飲酒習慣及所用酒器形式，以求逼真。因而玻璃、金、銀酒瓶酒盃藝術風格極富異國情調，包括對中亞外國的學習吸收，融合本土，千變萬化。[22]

西安市南郊何家村唐代窖藏出土的銀鎏金仕女狩獵紋八瓣盃堪作典範，它的形制上雖還保留着粟特八稜型帶把杯風格，但紋飾上的褒衣博帶侍女已經完全華化。此杯高 5.5 公分，口徑 9 公分，腹呈八瓣花狀，口沿外緣及足緣各有一周聯珠。環狀單把柄，柄上有如意雲頭平拊指墊，指墊凸起圓片上鏨刻有一鹿。杯腹八瓣花即八個紋飾區，有如瓷器開光，分別鏨刻一組人物，四瓣為仕女遊樂圖、四瓣為男子策馬狩獵圖。「這些取材於現實生活的狩獵、伎樂、嬉戲等紋樣，一方面再現了唐代豐富多彩的社會生活，另一方面也說明唐代金銀器的紋樣已完全擺脫了巫術與宗教的控制，更為貼近現實生活，更以供人欣賞為目的，表現出一種追求幸福喜慶的世俗文化的特點」。[23] 杯腹下部蓮瓣飾忍冬花紋。由粟特工匠或本地工匠打造均有可能，但它充分顯示出唐代工匠在粟特銀器影響下所改造、創新的成品。[24]

　　李白〈對酒其二〉詩內提到的金叵羅就是鎏金打造的淺酒杯：

蒲萄酒，金叵羅，吳姬十五細馬馱。青黛畫眉紅錦靴，
道字不正嬌唱歌。玳瑁筵中懷裡醉，芙蓉帳底奈君何。

　　這次真的用黃金杯子來飲葡萄酒了。金叵羅，今天無人知其出處，只有粵語至今仍保留此詞解作「珍貴疼惜之物」。1981 年西安市太乙路出土有「金摩羯酒杯」，杯內底捶揲出凸起的摩羯戲珠紋。摩羯是印度神話裡一種長鼻利齒、獸頭魚身的河水精靈，梵文為「markara」，中譯摩羯或摩伽羅。叵羅疑為

---

22 「開元、天寶之際，天下昇平，而玄宗以聲色犬馬為羈縻諸王之策，重以蕃將大盛，異族入居長安者多，於是長安胡化盛極一時，此種胡化大率為西域風之好尚：服飾、飲食、宮室、樂舞、繪畫，競事汾泊……好之者蓋不僅帝王及一二貴戚達官已也。」向達，《唐代長安與西域文明》，重慶出版社，2009，p.30.

23 見註12，譚前學、賀達炘主編《神韻與輝煌──陝西歷史博物館國寶鑑賞》（金銀器卷），p.46.

24 同上註，「猶其有不少器物，造型雖取自粟特器型，紋樣卻是典型的唐代本土特點，驟視之恰如外國器皿，細審之卻又純粹是中國風味，即所謂的中西合璧。仕女狩獵紋八瓣銀杯就是這類器物的代表。其造型體現出典型的粟特金銀器特徵，仕女遊樂與狩獵裝飾圖案卻是典型的唐代本土題材。」p.47. 齊東方教授亦指出何家村出土有4 枚租庸調銀餅（唐代稅收以後存入國庫的銀子），這只有宮廷國庫才有。何家村遺窖出土地點，已經被明確斷定為唐代長安的興化坊所在，當時可能住在興化坊的官員就是唐租庸使劉震。唐傳奇《無雙傳》內，劉震官居租庸使，是極少數有權進入國庫的人，寶藏中發現了租庸調銀餅，更證明了這一點。783年涇原兵變，他急急敗壞跑回家中，裝「金銀羅錦二十馱」給王仙客讓他埋藏，然後分頭逃命。何家村出土的金銀寶物，可能就是小說裡王仙客埋下的「金銀羅錦二十馱」！

摩伽羅的連音字，這種金摩伽羅酒杯被唐人簡快讀成金叵羅，然尚待進一步考證，因為也可能是波斯語音譯。唐至德二年（757）春季，岑參在東歸途中過酒泉時作〈酒泉太守席上醉後作〉，亦有提及交河美酒金叵羅，其詩佳句「三更醉後軍中寢」不遜李白的「吳姬十五細馬馱」：

> 酒泉太守能舞劍，高堂置酒夜擊鼓。
> 胡笳一曲斷人腸，座上相看淚如雨。
> 琵琶長笛曲相和，羌兒胡雛齊唱歌。
> 渾炙犁牛烹野駝，交河美酒金叵羅。
> 三更醉後軍中寢，無奈秦山歸夢何。

前面李白的〈對酒〉詩，只有「蒲萄酒，金叵羅」六字說酒與酒器，其他儘是描述一個十五歲會唱歌的吳地美女，而且更可芙蓉帳底、筵中懷醉，就像在南京酒肆和人惜別的〈金陵酒肆留別〉，也有吳姬在旁壓酒，殷殷勸飲：

> 風吹柳花滿店香，吳姬壓酒勸客嘗。
> 金陵子弟來相送，欲行不行各盡觴。
> 請君試問來流水，別意與之誰短長？

古時新酒釀熟，臨飲方壓糟榨取新鮮酒汁以侍貴客，應該就是中國本土米酒。酒有本土與西域之分，酒姬亦有吳姬胡姬之別。江南金陵的酒肆，侍候自然是吳地酒姬了。[25]

宮廷皇室控制著當時最好的釀酒場地和原料，擁有先進的造酒工藝和熟練酒匠，釀造出「酴釀酒」、「凝露漿」、「桂花醑」、「李花釀」等名酒，除供皇室享用，也會分賜功臣學士。《唐國史補》卷下記載了唐朝名酒十七品，其中長安名酒就佔了三種，即京城之「西京腔」，蝦蟆陵之「郎官清」和「阿婆清」。[26]「西京腔」為長安西市名酒。蝦蟆陵，又稱下馬陵，在京城東南，白居易〈琵琶行〉「自稱本是京城女，家在蝦蟆陵下住」，正是指此地。唐代長安的家釀也多有名品，品味之高，不在諸名酒之下。史籍見載的有魏徵家的「翠濤酒」，裴度家的「魚兒酒」等，這些家釀酒有如錦上添花，讓人目不暇給。

銀鎏金仕女狩獵紋八瓣盃（上圖）
銀鎏金仕女狩獵紋八瓣盃（下圖）

25 胡姬入華，東漢早有，《樂府詩集》辛延
年〈羽林郎〉詩云「……胡姬年十五，春
日獨當壚。長裙連理帶，廣袖合歡襦。頭
上藍田玉，耳後大秦珠……」。看來李白
的「吳姬十五細馬馱」，似脫胎自此詩的
「胡姬年十五」。

26 「蝦蟆陵附近多出名釀……唐酒有清、濁
之分，清酒品質高於濁酒，郎官清、阿婆
清均屬於這清酒類型。」王賽時，《中國
酒史》，山東大學出版社，2010，p.108.

長安也流行自西域波斯輸入的三勒漿[27]、龍膏酒，高昌的葡萄酒，長安西市及春明門至曲江池一帶，也有不少胡姬侍酒酒肆。李白對胡姬多有詠吟，所謂「落花踏盡遊何處，笑入胡姬酒肆中」（少年行），「胡姬貌如花，當壚笑春風。笑春風，舞羅衣」（前有一樽酒行二首其二），正是金樽美酒、胡姬妍麗，胡旋胡騰，歌舞昇平，異國情調，旖旎風光。中亞來的胡人少年男女在唐代宮廷獻舞，舞姿騰踏，被稱為「胡騰兒」，桐布輕衫、葡萄長帶，其表情舞姿，颺眉動目，環行急蹴，灑脫利落。李端有詩〈胡騰兒〉：

> 胡騰身是涼州兒，肌膚如玉鼻如錐。桐布輕衫前後捲，葡萄長帶一邊垂。
> 帳前跪作本音語，拾襟攪袖為君舞。安西舊牧收淚看，洛下詞人抄曲與。
> 颺眉動目踏花氈，紅汗交流珠帽偏。醉卻東傾又西倒，雙靴柔弱滿燈前。
> 環行急蹴皆應節，反手叉腰如卻月。絲桐忽奏一曲終，嗚嗚畫角城頭發。
> 胡騰兒，胡騰兒，故鄉路斷知不知。

　　1952 年西安東郊出土唐蘇思勗墓室的墓道東壁有一幅胡人樂舞圖，正是上面這首詩的最佳寫照。這幅圖包括中間一個濃眉深目、高鼻虯髯胡人舞者在綠色氍毹，頭裹白巾、穿著圓領寬袖長衫、腰黑帶、足長靴、左揚手、右插腰，屈腿騰旋、舞姿曼妙。左右兩旁鋪黃色氍毹，共樂師九人，另加兩人揚手唱誦。右邊四人各持箏、篳篥、箜篌、排簫、左邊五人持曲項琵琶、笙、鈸、橫笛、拍板，共十一人演出。舞者正是「颺眉動目踏花氈，紅汗交流珠帽偏。醉卻東傾又西倒，雙靴柔弱滿燈前。環行急蹴皆應節，反手叉腰如卻月」。《通典・樂六・四方樂》載龜茲樂舞者白襖、錦袖、赤皮靴、赤皮帶。樂器有豎箜篌、琵琶、橫笛、簫、篳篥等。[28]

　　從上面壁畫的樂器來看，那是漢胡樂器的合體，除了漢族的箏，又有漢胡兩族皆備的拍板與笙，以及其他的胡樂器，可見得胡樂入漢，並非全部西域音樂，而是揉合漢樂後一種新的樂舞形式，這方面與唐代金銀器的風貌極其相似。

　　1902 年日本的大谷光瑞探險隊到庫車（龜茲）銅廠河岸（庫車河）蘇巴什（Subash）佛寺，也就是玄奘在《大唐西域記・屈支》中記載的昭怙厘大寺——「荒城北四十餘里，接山阿，隔一河水，有伽藍，同名昭怙厘，而東西相

稱，佛像裝飾，殆越人工，僧徒清肅，誠為勤勵。」在蘇巴什佛寺遺址中挖出了一個 7 世紀木質彩繪有翼童子舍利盒，盒蓋上繪有裸體帶翼童子四人，盒身彩繪一組由二十一人組成的形象十分生動的樂舞圖，最明顯有彈豎箜篌的樂人。

劉言史亦有詩〈王中丞宅夜觀舞胡騰〉描述胡騰舞急速的節奏及異國風情，內裡胡騰兒也是蹲舞急如鳥飛，跳身弄腳錦靴軟：

> 石國胡兒人見少，蹲舞尊前急如鳥。織成蕃帽虛頂
> 尖，細氎毛衫雙袖小。
> 手中拋下蒲萄盞，西顧忽思鄉路遠。跳身轉轂寶帶
> 鳴，弄腳繽紛錦靴軟。
> 四座無言皆瞪目，橫笛琵琶遍頭促。亂騰新毯雪朱
> 毛，傍拂輕花下紅燭。
> 酒闌舞罷絲管絕，木槿花西見殘月。

這些都是唐代胡旋女與胡騰兒的最佳寫照。《舊唐書》記載：「康國樂，工人皂絲布頭巾，緋絲布袍，錦領。舞二人，緋襖，錦領袖，綠綾渾襠褲，赤皮靴，白褲帑。舞急轉如風，俗謂之胡旋。樂用笛二，正鼓一，和鼓一，銅拔一。」

粟特胡姬

---

27 三勒漿為三種水果合製之水果酒，果實分別為奄摩勒、毗梨勒、訶黎勒。此三勒各自名稱來自波斯語，各有相同尾音「勒」"la"。美國考古學者勞弗爾（Berthold Laufer）指出這三種果實波斯語分別為：「chebula」（訶黎勒），「balila」（毗梨勒），「amola」（奄摩勒），訶黎勒樹本身產自印度，其果實顯然由印度輸入波斯，它的名字在新波斯語為「halila」，暗示它的原產地是印度的「合不勒」。見註4，Laufer, p.378. 但是三勒水果樹源自印度，不見得酒就來自印度。當年印度之影響波斯，頗似天竺舞曲之影響龜茲舞樂，只有其源，分流後卻各自成宗。三勒酒應為西域波斯酒，然三勒究為何種水果，尚待研究。佛經經典如《五分律》卷9及《摩訶僧祇律》卷20亦提到這三種果實。見韓香，《隋唐長安與中亞文明》，中國社會科學出版社，2006，p.159.

28 李國珍〈唐代中外音樂舞蹈交流的樂舞圖──談蘇思勗墓的樂舞壁畫〉《陝西省博物館藏寶錄》，三聯書局，1995，p.227。柏紅秀，《唐代宮廷音樂文藝研究》，南京大學出版社，2010，p.117.

白居易的新樂府詩
〈胡旋女〉敘說從康居
國（Samarkand）來的
胡旋女在天子面前表演
胡旋舞，弦鼓聲中：

胡旋女，胡旋女，
心應弦，手應鼓。
弦鼓一聲雙袖舉，
回雪飄搖轉蓬舞。
左旋右轉不知疲，
千匝萬周無已時。
人間物類無可比，
奔車輪緩旋風遲。

胡騰舞A

曲終舞停後再拜謝天子，大唐天子為之微啟齒說，中原早就有胡旋舞了，
其中的鬥妙爭能，爾遠遠不及，那時宮中的妃子們是：

臣妾人人學圜轉，中有太真外祿山，二人最道能胡旋。
梨花園中冊作妃，金雞幛下養為兒。
祿山胡旋迷君眼，兵過黃河疑未反。

西安唐墓壁畫胡騰舞全貌

胡騰舞B   胡騰舞C

貴妃胡旋惑君心，死棄馬嵬念更深。
從茲地軸天維轉，五十年來制不禁。

　　天子扮演白頭宮女，與胡旋女細訴當年天寶遺事，那真是一字一淚的辛酸滄桑。

　　唐朝詩人嗜酒，似是理所當然，杜甫更寫有〈飲中八仙歌〉，「李白一斗詩百篇，長安市上酒家眠，天子呼來不上船，自稱臣是酒中仙。」生動揶揄八位詩人的醉態。賀朝〈贈酒店胡姬〉，就描述胡姬酒肆熱鬧歡樂情景：

　　胡姬春酒店，弦管夜鏘鏘。紅氍鋪新月，貂裘坐薄霜。
　　玉盤初鱠鯉，金鼎正烹羊。上客無勞散，聽歌樂世娘。

　　在胡姬販賣的春酒店裡，笙歌夜夜，也許是一個露天舞台，新月照著大紅地毯（或是紅氍紋飾著伊斯蘭的一彎新月），擁著貂裘坐薄霜如雪的夜裡，有魚有肉，有弦管有胡姬，賓客盡歡。

唐代是龜茲樂的黃金時期，龜茲是佛教國家，其管弦伎樂，「特善諸國」（玄裝語），稱冠西域。據向達考據隋唐九部樂中龜茲與印度天竺二部比較，龜茲樂曲樂器，實以印度為源頭。[29] 因此唐代胡人樂舞，亦可分波斯、印度兩大系列。

唐昭怙厘佛寺出土彩舍利盒（上二圖）

元積〈連昌宮詞〉云，「逡巡大遍涼州徹，色色龜茲轟發續」。龜茲樂器有豎箜篌、四弦曲項琵琶、五弦、笙、橫笛、簫、篳篥、羯鼓等。李賀的〈龍夜吟〉，非常生動描寫一個吹橫笛的胡人樂師：

鬈髮胡兒眼睛綠，高樓夜靜吹橫竹。
一聲似向天上來，
月下美人望鄉哭。直排七點星藏指，
暗合清風調宮徵。
蜀道秋深雲滿林，湘江半夜龍驚起。
玉堂美人邊塞情，
碧窗皓月愁中聽。寒砧能搗百尺練，
粉淚凝珠滴紅線。
胡兒莫作隴頭吟，隔窗暗結愁人心。

如怨如慕的笛聲，從鬈髮碧眼胡人在高樓夜靜吹出來，簫聲哽咽，美人在月下遙望故鄉夜哭，一時如深雲滿林，一時又如夜龍驚起，讓深閨美婦想起邊塞戍守良人，有似隴頭夜笛，讓人駐馬淚流。詩人借一個碧眼胡人的音樂，引起漢胡一家離鄉別井、離愁別緒的思鄉共鳴。

唐昭怙厘佛寺出土彩舍利盒

　　長安城外，旅舍、酒館比比皆是，形成了幾個極為熱鬧的密集飲宴地區。唐德宗曾下詔佛教寺廟及道教道觀均應提供旅客住宿落腳，而廟宇道觀，終是不足。倒是長安近郊，酒店林立，有些也有膳宿設備。酒肆自釀好酒，爭相標榜吸引顧客。[30] 長安東門叫青門，又叫青綺門，是長安東三門——通化門、春明門、延興門的總稱。城門附近胡姬酒肆提供送行惜別場所，美貌少數民族女子手捧美酒，爭相勸客。李白〈送裴十八圖南歸嵩山〉內云，「何處可為別，長安青綺門。胡姬招素手，延客醉金樽。」岑參〈青門歌送東台張判官〉又曰，「胡姬酒壚日未午，絲繩玉缸酒如乳。」胡姬加美酒，構成青門酒家的風騷流韻。

　　出青門東行即是灞陵，長亭折柳，灞陵傷別，這裡酒肆更多，而且酒的名氣也最大，唐人稱為「灞陵酒」。韋莊〈灞陵道中作〉詩云：「秦苑落花零露濕，灞陵新酒撥醅濃。」岑參〈送懷州吳別駕〉詩云，「灞上柳枝黃，壚頭酒正香。」皇家宮廷也經常索取灞陵酒，賞賜臣下。《類要》記載，「大曆八年春正月晦，賜郭子儀桑落火炙酒八甕，灞水酒兩甕。」

　　王維筆下輕雨浥清塵的渭城，位於長安城西，也有好酒出售，唐人迎賓送客及駐馬停宿，總要在此一飲名釀。崔顥〈渭城少年行〉詩云「渭城壚頭酒新熟，金鞍白馬誰家宿。可憐錦瑟箏琵琶，玉台新酒就君家。」李白《送別》詩云：「斗酒渭城邊，壚頭醉不眠。……惜別傾壺醑，臨分贈馬鞭。」渭城美酒

29 見註19，「龜茲蘇祇婆琵琶七調考原」，p.205-207.

30 「家家沽酒長安陌，一旦起樓高百尺。碧疏玲瓏含春風，銀題彩幟邀上客……」韋應物〈酒肆行〉。

以其獨有的地理特點，把酒韻風采傳向關陝內外。

　　長安近郊的新豐鎮（即現今臨潼縣東），也是唐代名酒薈萃之地，關中一帶的官吏、商賈、豪俠及無賴博徒之流，都曾擁入新豐酒家，飲酒縱情。「新豐酒」以此名播海內。李白有詩多首均提到新豐美酒，〈效古二首〉詩云：「清歌弦古曲，美酒沽新豐。」另一首〈楊叛兒〉更追隨樂府情歌傳統，男女飲酒唱歌，兩情相悅：

　　　　君歌楊叛兒，妾勸新豐酒。
　　　　何許最關人？烏啼白門柳。
　　　　烏啼隱楊花，君醉留妾家。
　　　　博山爐中沉香火，雙煙一氣凌紫霞。

三、結論

　　酒與胡姬是唐代飲食文化非常獨特的「符徵」（signifier），唐詩中幾乎就可成立一種文類，有如邊塞詩。李白的飲酒胡姬詩另樹一幟，豪情之餘，另有一種親切，也許來自傳說詩人出生自中亞的胡地或甚至胡人血統，尋鄉渴切與親切鄉情，凜冽如酒。但另一方面，無論李白是否胡人，酒與胡姬已成為唐代詩人對異國情調的響往與歌頌。貌美如花的胡姬或吳姬，不只是她們的地域特色，而是她們代表永恆讚美的青春，一瞬即逝。如花美眷，似水流年，花者自花，流水自流，時光一去不回，只有詩人能夠以詩在流水中為花容定影。

　　定影的過程，不能只是描述酒姬的花容月貌。她們只是文化場景的一部分，葡萄酒、金銀酒器、胡旋、胡騰舞、酒肆、長安、美酒、旅客……，分別組成一幕幕不同的人生戲劇與感悟。至少，以酒定影是唐朝詩人「勸君莫惜金縷衣」（carpe diem）的一種心態，「人生得意需盡歡，莫使金樽空對月」是要得意盡歡，但「欲行不行各盡觴」卻是生命無限的依戀與無奈了。正是這種對生命捨與不捨、欲行不行的無奈驅使詩人盡觴去作短暫的沉醉，帶入飲酒詩中的「醉」題。

　　劉若愚先生在《中國詩學》一書內指出，中國詩中的醉並非爛醉，而是藉酒把身體提升向一種「興奮沉醉」（inebriating）狀態。人清醒時無法掙脫的種

種世俗束縛，均是有我。藉酒而達到興奮沉醉，醒時交歡，醉後分散，卻可從而忘我和諧，達到道家不如相忘的「無情」。

李白詩作發揮在這方面的浪漫主義思想最是淋漓盡致，也是中西詩學對浪漫主義思想中的「自我」（self）最巨大的分歧。在西方，人的基本思維與表達乃來自感官強烈的感受與釋出。華茲華斯（William Wordsworth, 1770-1850）最有名的詩歌定義是 1800 年「抒情歌謠」序（Preface to the *Lyrical Ballads*）內稱謂：「詩乃強烈感情的自然滿溢流露……於平靜中憶取」（Poetry... is the spontaneous overflow of powerful emotions... recollected in tranquility.）

這經典詩義說出了人在創作過程的自主性與表達選擇。詩不再是客觀被動的反映鏡（reflector），而是詩人心靈（the mind）感受累積儲藏起來的強烈感情，來不可遏，到了滿溢階段，不吐不快的一種傾訴（utterance）。詩人更像一盞燈，光輝迸射，投射（to project）、吐露（to utter）、照亮（to emit）身邊的人群。但是這種累積儲藏起來的強烈感情，必須在有我狀態的「於平靜中憶取」，世俗的我，無形中又牽涉著種種言語束縛與規範了。

莊子的「得意忘言」、「得意忘筌」的無言，正是企欲擺脫人間有我言語而達到無我（selfless）的意無盡。陶潛〈飲酒其十四〉云：

故人賞我趣，挈壺相與至。
班荊坐松下，數斟已復醉。
父老雜亂言，觴酌失行次。
不覺知有我，安知物為貴。
悠悠迷所留，酒中有深味！

正是藉酒觴酌失行次，才能不覺知有我。但一到花團錦簇、富貴薰人的唐代，詩人卻藉物質文化種種不同器物與情境，鸚鵡杯、力士鐺、吳姬壓酒、胡姬當壚，以情觀物，借物詠情，帶出了艾略特著名的「客觀對應物」（objective correlative），利用一組事物、一種情境、一連串事件做為特定情感的公式。

因此也就臻達了本文目的，企圖從視覺文化及物質文化角度來看唐代飲酒、酒器、人物在詩文的文學互動，梳理出西域葡萄入華後引起多元種族在物質文化產生出的變化影響。

唐代金銀器研究 (1/4)
上乳明砂 · 益壽延年

　　大唐盛世，歌舞昇平，詩酒風流，觥籌交錯；流觴曲水，絲竹管弦，文人吟詠飲酒酒器，多取金杯金盞或金樽以顯貴氣。其實金銀器中純金極少，多為皇室所用，侍從之臣普遍採用所謂鎏金合銀酒器，因此杜甫〈江畔獨步尋花七絕〉的金盞：

　　東望少城花滿煙，百花高樓更可憐。
　　誰能載酒開金盞，喚取佳人舞繡筵？

　　或李白〈行路難〉內的「金樽清酒斗十千，玉盤珍饈值萬錢」，多是屬於美詞，雖非誇大，也是夸飾。這點與陳寅恪先生謔謂白居易寫〈長恨歌〉唐明皇思念貴妃錯用油燈剛好相反。據聞陳先生當年在廣州中山大學講〈長恨歌〉第一句「漢皇重色思傾國」就整整講了一星期，原來《元白詩箋證稿》第一章〈長恨歌〉就指出「夕殿螢飛思悄然，孤燈挑盡未成眠」的嚴重錯誤，興慶宮的皇帝是不點燈的！陳先生旁徵博引，考據白樂天作〈長恨歌〉在其任翰林學士之前，「宮禁夜間情狀，自有所未悉，固不必為之諱辨。」至於皇上失眠夜起，憶念貴妃，獨自挑燈，「則玄宗雖幽禁極淒涼之景境，諒或不至於是。」
　　陳寅恪先生稱這類誤失為「文人描寫，每易過情，斯固無足怪也」，因而李杜的金樽金盞，也算是「每易過情」的描述，有似批評術語的 pathetic fallacy，情有可原，比陳先生後來嘲笑那些奴才文人「一犬吠影，十犬吠聲」好多了。
　　富貴人家點燃蠟燭而不點油燈，夜宴劇飲，雖寢室亦燃燭達旦，金銀器在皇室公卿之間的使用亦然，而且更牽涉唐代道教思想追求長生不老的求索。金銀器在物質文化內涵多面重疊交織，它們牽涉及延年益壽的「健康養生觀」、

「次光明砂」、「虎魄」銀盒

貴族公卿的豪門夜宴排場、製造技術的成熟。自從吸收粟特人的工藝技巧後，唐人多能另創新意，風格蘊含異國情調又不失中華主調，這些都是唐代器物風格不可或缺的引證。就像陳寅恪強調，〈長恨歌〉不是一首獨立的詩，它是「具備眾體體裁之唐代小說中歌為部分，與〈長恨歌傳〉為不可分離獨立之作品。」更增入漢武帝李夫人故事，為白居易、陳鴻所獨創。金銀器亦然，它在唐代文明顯示出豐富輝煌的物質生活與文化特色，包括飲食、裝飾、雅緻賞物等等。

最令人驚艷是 1970 年西安市南郊何家村出土的唐代窖藏金銀器，但純金盒極少，目前出土純金圓盒，就只僅何家村窖藏出土金盒兩件，用來盛放「大粒光明砂」及「麩金」以供皇家服用不老不死之藥。大粒光明砂即朱砂或丹砂，《抱朴子・仙藥》內載：「仙藥之上為丹砂，次則黃金，次則白銀……」，可見服用小量丹砂、金銀為常見丹藥。另何家村出土銀盒多件內放管

「大粒光明砂」銀盒　17.9 cm

狀鐘乳石，為古代強身健體、延年益壽之丹藥。譚前學、賀達炘主編《神韻與
輝煌——陝西歷史博物館國寶鑒賞（金銀器卷）》（三秦出版社，2006）有非
常扼要準確說明這些藥物在道家典籍內的功用。

　　齊東方教授指出，何家村出土 4 枚租庸調銀餅（唐代稅收以後存入國庫的

銀子），只有國庫才有。何家村遺寶出土地點，已被明確斷定為唐代長安的興化坊所在，當時可能住在興化坊的官員就是唐租庸使劉震。唐傳奇《無雙傳》內，劉震官居尚書租庸使，是極少數有權進入國庫的人。西元 783 年，涇原兵變，小說內他氣急敗壞跑回家中，裝「金銀羅錦二十馱」給王仙客讓他埋藏，然後分頭逃命。何家村出土的金銀寶物，可能就是小說匆匆交給王仙客「金銀羅錦二十馱」的一部分，在亂兵中不及移走，收藏在地窖！

但是榮新江教授卻認為根據考古學者對興化坊的鑽探結果，以及學者對韋述《兩京新記》內所記開元興化坊住宅的具體位置分析，目前還是一片空白，但從窖藏出土地理位置而言，不能看作官府所有，應屬私人莊院。

如此亦更能呼應何家村窖藏地為唐租庸使劉震私人宅院，他的身分，剛好就介於朝廷與地方官府進納金銀財物的官吏，這也就解釋了涇原兵變後，朝廷揮師滅賊，收復京師，處斬投降叛軍的劉震夫婦，其女無雙入掖宮廷。當然《無雙傳》內古押衙許多子虛烏有的故事不能當真，但把何家村窖藏認作劉震宅院倒是一件美事。

「六兩一分」素面純金盒（上二圖）

清人徐松以北宋宋敏求的《長安志》為基礎，再參照其他相關文獻，撰成《唐兩京城坊考》，成為近人研究長安的重要資料。長安城內坊里有所謂「東貴西富、南虛北實」，日本中央大學文學部妹尾達彥教授就利用佚失不全的《兩京新記》及現存的《唐兩京城坊考》，整理出唐代官吏從西街向東街的遷徙路線。從《兩京新記》殘本看出，它有別於《長安志》的一個重要特徵就是隨着長安城內一些貴族住宅、官衙、寺廟的傳說故事，帶出居民宗教信仰與人文色彩。這些故事曾被宋敏求在《長安志》內刪削迨盡，認為荒誕不經，不符史實。

　　何家村出土寶藏中發現了租庸調銀餅和銀鋌，包括著名的「吳銳三斤七兩半」銀餅更證明了準備入供朝廷這一點。一共出土銀餅 22 塊中，刻字銀餅 4 塊，墨書銀餅 12 塊，其中一塊就墨書「吳銳三斤七兩半」，吳銳為姓名，七兩半為銀餅重量。這些銀餅或銀鋌都是各地向朝廷納稅之用，劉震的租庸使就是唐代中央專門設置的征收租庸調的官員，唐代租庸調制有分課戶與免課戶。課戶就是要繳納租庸調的丁，免課戶則是得到優待而免租庸調的丁，例如親皇，勳官，及民戶中的老疾，僧尼，工商者等。所謂租，即田租。向政府取田

「紅光丹砂」、「碾文白玉帶一具十六事失玦」銀盒

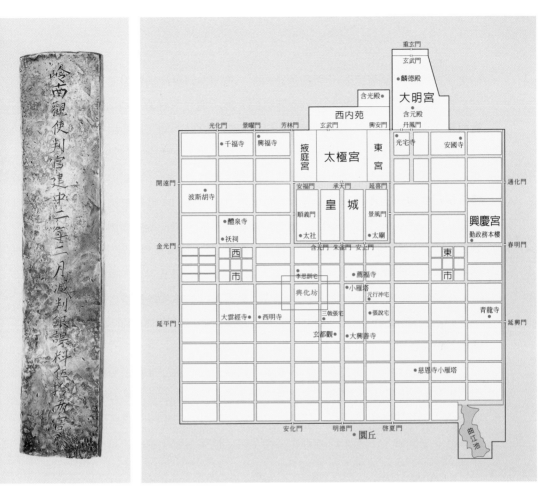

「建中二年減半銀課」銀鋌　長31.2cm（左圖）　　長安城復原圖（右圖，見齊東方《唐代金銀器研究》一書。）

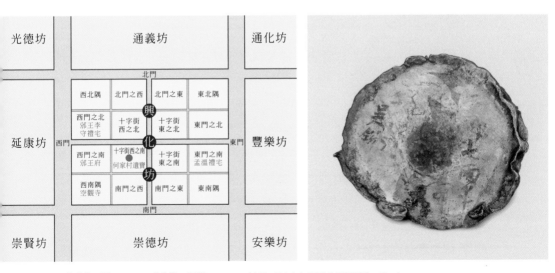

興化坊復原圖（左圖）　　「吳銳」銀餅　16.2cm（右圖，見齊東方《唐代金銀器研究》一書。）

的男丁，每年要納粟二石。而庸則是力役，男丁每年替政府服役二十日，閏月加二日，國家有特殊事故，加役十五日的免調，加三十日者，租調皆免。不願意服役的人，也可以納絹三尺就可以免除正役，這就叫庸。用收繳來的財物兌換成銀餅入庫，上鑄上庸調字樣，這就是庸調銀餅。唐代庸調銀是進入宮廷國庫，因此可以肯定何家村窖藏是準備入宮的珍寶器物。

唐代金銀器出產數量極為龐大，金盤就有五千多面，何家村出土的金銀器物有 270 餘件，除了飲食器皿，還有用來盛載長生不老的仙丹靈藥。《唐律疏議》內〈舍宅輿服器物〉條載：「器物者，一品以下，食器不得用純金、純玉。」更證實何家村窖藏出土金銀器是準備進入皇宮大內供給王公巨卿的器物。

何家村窖藏最讓人注目的就是這些盛放丹藥的純金或純銀素面大圓盒，以墨書寫出所載物品及數量在盒蓋內或外壁，唐人書寫，歷歷在目，千年猶新。盒蓋及盒身分別捶拱成隆形，分子母口扣合緊密。

其中一個純金素面大圓盒上面墨書「六兩一分」，亦即黃金重量，盒內放有「大粒光明砂」及「麩金」。麩金是砂土淘出來的小金片，有如麩片遂稱麩金。唐人喜歡服食小量黃金可以延年益壽。鍊丹亦有金丹，即是黃金及丹砂（朱砂，光明砂），術士認為丹之為物，燒之越久，變化越妙，可以安魂寧神明目。黃金入火，亦是百煉不消，埋之畢天不朽。乃為造化之奇物，服此二物可以升仙。

除了大粒光明砂及麩金，還有服食所謂「上上乳」或「次上乳」的細管狀鐘乳石，以透明度高為上品。唐蕭炳《四聲本草》稱「如蟬翼者上，爪甲者次，鵝管者下，明白而薄者可服」。因而出土的藥盒經常有墨書「上上乳一十八兩」、「次上乳十四兩三分堪服」。

虎魄（琥珀）亦是服用藥物，在唐代多自波斯西域諸國輸入，唐人認為琥珀有「下惡血」及「止血生肌合金創」療合傷口的作用，其中一銀盒內盛虎魄十段（塊）。

大銀盒直徑直達 17 多公分，造型與金盒大同小異，惟數量及盛物種類則較金盒繁多。譬如一只大銀盒外壁墨書「大粒光明砂一大斤白瑪瑙鉸具一十五

「次上乳十四兩三分」銀盒　17.4 cm（上圖）
「次上乳」銀盒　17 cm（左下圖）　「上上乳一十八兩」銀盒（右下圖）
「開元通寶」金幣（左頁圖）

事失決真黃錢卅」及內壁「大粒光明砂一大斤白馬腦（瑪瑙）鉸具一十五事失決真黃錢卅黃小合子一六兩一分內有麩三兩強釵釧十二枚共七兩一分」。外壁文字為提示，內壁文字為盛物描述，除了包括丹砂外，還有一個黃色小盒（小合子）重 16 兩 1 分，內裝有 3 兩多（強）的麩金。此外，銀盒尚裝有極珍貴的「真黃錢卅」，即是 30 個純正黃金的「開元通寶」金幣；12 枚黃金釵釧，共重 7 兩 2 分。另外有一副 15 塊（事）白瑪瑙腰帶（鉸具），但失掉了帶鉤（決，正字應為「玦」），晶瑩潔白，每片瑪瑙上面都有天然乳白花紋。

　　瑪瑙呈色紋理交錯，酷似馬腦顏色，古代文獻又稱瑪瑙為馬腦，並非銀盒內壁的同音簡體字。《太平御覽》即有〈馬腦〉條。（四章之一）

唐代金銀器研究（2/4）

潤玉華光・金銀璀璨——
何家村唐代窖藏四大國寶

大陶甕　唐代　高65cm（上二圖）

1970 年 10 月 5 日，工人在陝西西安南郊碑林區何家村一個工地，挖出了一個大陶甕，裡面裝有大量金銀器。一週後又在附近發現了另一個大小類似陶甕，其內裝有金銀器和玉器。陶甕旁邊還發現了另一件素面大銀罐，內裝鑲金獸首瑪瑙杯，初時尚不知此為傲視同儕的稀世之寶。

這兩個貌不驚人、高達約 65 公分的大陶甕大小相同，口徑分別為 39 公分與 37.5 公分，肩腹上闊下窄，形態為典型唐代水甕，釉不到底，腹飾三組平行水波紋，裡面一共裝有 1000 多件文物，這批文物按類可分為金銀器皿 271 件，銀鋌 8 件，銀餅 22 件，銀板 60 件，金、銀、銅錢幣 504 枚，瑪瑙器 3 件，琉璃 器 1 件，水晶器 1 件，玉帶 10 副，玉臂環 1 對，金飾品 13 件。另有金箔、玉材、寶石等。

第一個打開這個陶甕的戴應新先生回憶說，甕口是一塊方玉，方玉下面擺着銀盤、銀碗。金盆、金筐寶鈿

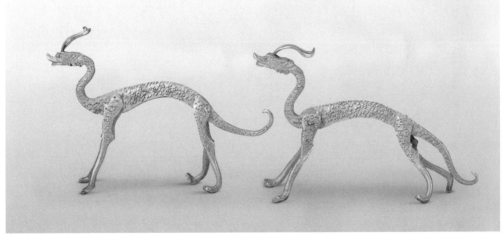

何家村出土小金龍　1970年　長4.1-4.3cm、高2.1-2.7cm（上二圖）

團花紋金杯、盛著帶具與藥物的銀盒和銀鎏金鸚鵡提樑罐等器物都在裡面，琳琅滿目，令人驚嘆不已。當將金筐寶鈿團花紋金盃從甕中取出時，其腹部鑲嵌的寶石因為老化酥解而紛紛掉落。更讓人驚奇的是物中藏物，打開鎏金鸚鵡提樑銀罐的蓋子，其內有水，幾團金箔漂於水上，12條小金龍井然有序站立在上面，紅、綠、藍等寶石也全部在水中。後來這些文物都運至陝西省博物館內進行清點、登記，兩甕一罐共出土文物1000餘件。

　　這12隻出土的金走龍也與道教關係密切。專家認為，走龍是道士在為信徒舉行重大儀式時，用來向東南西北及天地六方神祇表達誠意、祈求長生不老的信物。出土大量珍寶的何家村在唐代屬於興化坊，位於長安朱雀門街西第

何家村出土鑲金獸首瑪瑙杯　1970年（上三圖）

二列第三坊，往北過兩坊即皇城，東面隔一坊為朱雀大街，西北跨一步即是西市。盛唐時的興化坊，是皇親國戚和達官貴族居住的地段。

何家村唐代窖藏共出土文物 1000 多件，包括金銀器皿 271 件，銀鋌 8 件，銀餅 22 件，銀板 60 件，中外金、銀、銅錢幣 466 枚，瑪瑙器 3 件，琉璃器 1 件，水晶器 1 件，玉帶 10 幅，玉臂環 1 對，金飾品 13 件，另有金箔、麩金、玉材、寶石等。其中被定為中國國寶級文物的有 3 件，那是「銀鎏金舞馬銜杯紋壺」、「金鴛鴦蓮瓣紋碗」、「銀鎏金鸚鵡紋提樑罐」。

「鑲金獸首瑪瑙杯」更被定為比國寶更珍貴的海內孤品，禁止出境展覽。這酒器素材選自一塊由紅、棕、白三色深淡勻調的瑪瑙，羚羊雙角，潤玉華光，清秀麗絕，異國情調，未飲先醉。獸咀有鑲嵌金塞，可拔出，讓杯內液體流出。唐代大型瑪瑙石多來自西域粟特、吐火羅等國，《舊唐書》有載「開元十六年大康國獻獸首瑪瑙杯」。康國（Samarkand）就是粟特的一部分，粟特是一個很多城邦的國家，如貴霜國（阿富汗）。康國在粟特諸國中最強盛（今天烏茲別克斯坦一帶）。粟特還有石、米、史、何、曹等諸國，最初這些國民居住在祁連山北昭武城中，被匈奴滅亡而翻越蔥嶺遷入粟特西部，以城邦模式居留下來，用昭武為姓，史稱昭武九姓。

　　「鑲金獸首瑪瑙杯」的外型最容易讓人聯想及古希臘文明的酒杯「來通」（rhyton），但此杯既在西安何家村出土，有可能出自居住長安的中亞西域工匠之手，或是中國巧匠利用進貢瑪瑙雕琢而成。按照比較文學的「影響傳送論」（doxology）的各種直接或間接影響可能，此杯最大可能是西域諸國受古希臘文明影響而就地取材，以瑪瑙雕製成大型的羚羊頭角酒杯，傳入長安準備送入宮中。

　　另又有橢圓形瑪瑙長杯，
用橙黃夾褐色瑪瑙製作，
矮圈足，

丁卯橋出土唐代銀蓮瓣盤蓋

打磨後玉般潤澤，如半滿下弦月，通體拋光，揉合西域無柄酒盃與中國耳杯造型，更兼採用瑪瑙質地，益增異國情調。元稹有詩〈春六韻〉云：「酒愛油衣淺，杯誇瑪瑙烘。挑鬟玉釵髻，刺繡賽裝攏。」

何家村窖藏金銀器物應是送入宮廷之物，這些物品反映出唐代豐富多彩的宮廷生活。「銀鎏金舞馬銜杯紋壺」就印證了唐代宮廷舞馬的表演，據《舊唐書·音樂志》載，「玄宗在位多年，善樂音。若宴設酺會，即禦勤政樓。……日旰，即內閒廄引躞馬三十匹，傾杯樂曲，奮首鼓尾，縱橫應節，又施三層板床，乘馬而上，抃轉如飛。」

唐代張說〈舞馬千秋萬歲樂府詞三首〉中解說謂：「按唐禮樂志，明皇嘗以馬百匹，盛飾，分左右，施三重榻，舞傾杯數十曲。壯士舉榻，馬不動。樂工少年姿秀者十數人，衣黃衫文，立左右。每千秋節，舞於勤政樓下。千秋節者，明皇以八月五日生，因以其日名節云。」那就是把舞馬分為左右兩部，隨

何家村出土瑪瑙橢圓杯1　1970年（上圖）　何家村出土瑪瑙橢圓杯2　1970年（下圖）

著〈傾杯樂〉的舞曲起舞傾杯而飲，恆達數十曲之多。再由強壯武士舉起大塊床榻之板，讓馬跪在上面不動。樂府詞三首其中一首描述醉馬跪行，口銜酒杯以賀天子華誕，生動傳神，書寫文字不遜視覺文本：

　　聖王至德與天齊，天馬來儀自海西。腕足徐行拜兩膝，繁驕不進蹈舞蹄。
　　鬆鬐奮鬣時蹄踏，鼓怒驤身忽上躋。更有銜杯終宴曲，垂頭掉尾醉如泥。

　　看來如果舞馬銜杯終宴，一定就飲盡杯中美酒，那真要「垂頭掉尾醉如泥」了。

何家村出土銀鎏金舞馬銜杯紋壺

舞馬在天寶年代風雲一時，其下場卻十分悲慘。「安史之亂」安祿山佔長安，明皇逃蜀，舞馬盡歸賊兵，祿山僅取數匹自己操習，其餘盡歸其侍將田承嗣代為安放伺養。據唐鄭嵎《津陽門詩序》內載，有一天馬匹在廊槽聞鼓聲而起蹈「頓挫其舞」，沒有文化的「廐人惡之，舉箠亦擊之」，可憐的舞馬誤會了以為跳得還不夠好，「其馬尚以為怒未研妙，因更奮擊宛轉，曲盡其態。廐恐，以告。承嗣以為妖，遂戮之。」辛辛苦苦訓練出來聞歌起舞的唐代舞馬，從此絕跡，像歷代許多無法自力存活的知識分子，被戮害在亂世一時的愚昧。

「銀鎏金鸚鵡紋提樑罐」內蓋有墨書兩行，分別為「紫英五十兩／白英十二兩」。紫英白英為鍊丹之藥，惟觀其重量（分別為 50 與 12 兩）及提樑罐

何家村出土紫石英、白石英　1970年

空間容量（高 24.5 公分，腹徑 12.3 公分），很可能是石英（quartz）一類的礦石而非草藥，待查。這件銀鎏金鸚鵡紋提樑罐製作技術綜合了各類鎏金、鈑金技術，而且藝境高超，全罐鋪珍珠地紋，上覆大葉團花、寶相花，周圍飾以葡萄、忍冬、石榴、卷草紋，罐腹各鏨繪振翼鸚鵡一隻，益增花葉動感，這種花鳥滿園、雍容富貴的紋飾，是最具稱代表性的唐代華麗風格。

就像鸚鵡螺與鸚鵡杯一樣，鸚鵡為皇室寵物，花鳥紋飾器物不乏此為主題，何況此鳥極慧黠、能言、善伺人意，唐詩人皮日休有詩云，「寂寂花時閉院門，美人相並立瓊軒，含情欲說宮中事，鸚鵡前頭不敢言。」最後兩句可圈可點，美人幽閉在寂寂深院花木裡，本可含情細訴宮中哀思，但此鳥通靈能言，恐怕弄巧反拙，讓它四處八卦，遂只好吞聲不語了。

唐代金銀器技術發展基礎傳承自戰國秦代工藝，秦兵馬俑坑出土的銅馬車金銀配件，顯示出秦代已有很高水準的鑄澆、燒焊、掐絲、拋光等技術。到了唐代更進一步發展入大、小焊、切削等精湛技術。紋飾的鏨刻，多以平鏨為主。造型與紋飾圖案方面，由於西域文明進入與唐代傳統風格水乳交溶，許多飲食酒器都明顯受到波斯薩珊王朝金銀器的影響。

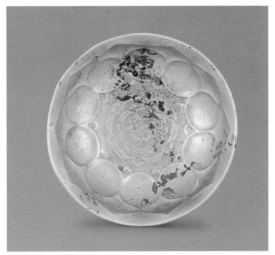

何家村純金錘揲蓮瓣獸禽金碗　1970年出土　13.7cm（本頁圖）

　　「金鴛鴦蓮瓣紋碗」內側唐人墨書「九兩三」，「三」字剝落漫漶。腹部錘揲出兩層浮雕仰蓮瓣，每層十瓣，就像一朵金光閃閃的綻放金蓮花。這種經錘揲而浮現的淺浮雕，再加魚子紋地，正是西域粟特人金銀器的技術手法風格。然而蓮花在佛教中又具神聖意味，因此這件蓮瓣紋碗蘊含一種中國與異域交融情調，尊嚴華麗。十瓣蓮花上層各飾以唐人寵物如鴛鴦、鹿獐、狻猊、鳧雁、鸚鵡、鶄鶒等異獸珍禽，動感十足，充滿歡樂幸福氣氛，五禽五獸梅花間竹相間。下層十瓣內塹一式忍冬花，上方有瑞鳥五對，振翼翱翔，下面配流雲小花。碗圈足內底塹刻一隻翩然起舞鴛鴦，口沿襯托以圓粒小珍珠花邊，真是巧心富麗，金色璀璨。捧碗而觀，周而復始，上下翻覆，目不暇給。（四章之二）

唐代金銀器研究（3/4）
玉帶金環・富麗豪華

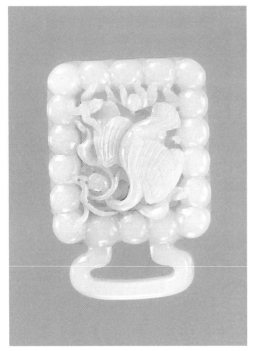

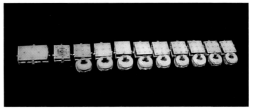

遼金鴻雁啣花枝白玉扣（左圖）
法門寺水晶枕　1982年出土　高9.9cm（右上圖）　何家村出土白玉九環蹀躞帶（部分，右下圖）

　　何家村窖藏八個素面大銀盒，分別盛放丹藥、玉帶、寶石等物。玉帶唐代又稱玉銙，何家村一共出土十副玉帶，除了一副「白玉九環蹀躞帶」另放外，其他九副玉帶均是分藏在四個銀盒內，是考古的重大豐收。唐朝三品以上的官才可配帶玉帶，那是一種身份尊貴的榮耀。李白詩中「腰間延陵劍，玉帶明珠袍」（〈敘舊贈江陽宰陸調〉）的佩劍、珠袍、玉帶，都是尊貴威武的象徵。

四個大銀盒均有墨書詳述玉帶玉色、質地及形制，而玉帶又以玉、犀、金、銀、瑜石、銅、鐵等不同質地的玉配帶代表不同社會等級。貴族腰帶用金、犀、銀、玉等裝飾。《新唐書‧車服志》內載「腰帶者⋯⋯一品、二品銙以金，六品以上犀，九品以上以銀，庶人為鐵。」盒內放置的多副玉具有白玉、斑玉、深斑玉、骨咄玉、碾文白玉、更白玉、白瑪瑙等。這批所謂帶銙可能來自于闐的美玉。由此可知，唐代玉器除以產地定名，還會以玉色分別呼為白、更白、斑、深斑等。碾文白玉是指有紋樣的白玉。

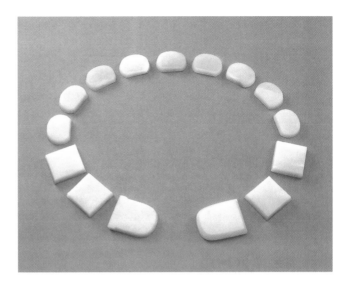

其中一銀盒上書「⋯⋯碾文白玉帶一具一十六事／失玦／更白玉一具」，就是說有兩副玉帶，一副用 16 片獅紋白玉組成（碾文白玉帶），但是缺扣玦，本來應是 17 件組合的。另一副是更白玉的腰帶。

更白玉腰帶（上圖）　斑玉帶（中圖）　深斑玉帶（下圖）

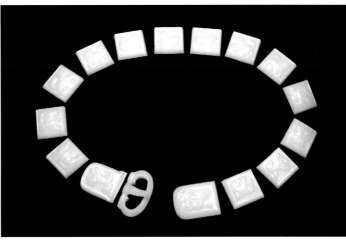

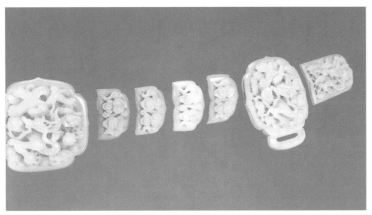
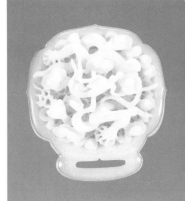

何家村獅紋白玉帶銙　1970年出土（左上圖與右上圖）
明代白玉鏤雕蟠龍腰帶，應共十四塊（缺七塊玉）（左下圖與右下圖）

　　「獅紋白玉帶銙」由 16 件四方玉銙加一件玉玦（即帶扣）共 17 件組成，
全部均為和闐白玉，真是雪白溫潤，妙手雕琢。銙，是組成腰帶個別組件，白
玉帶銙就是用 16 件方塊白玉組成。唐人愛獅，獅子多自粟特及波斯入華。獅
紋，就是在玉銙上面碾琢出獅子形象，如果組件是圓形，就叫作環。一條玉腰
帶除銙或環外，還有玉玦扣柄（前）及鉈尾（後）腰帶組合。1992 年陝西長安
縣南裡村竇皦墓出土的「金筐寶鈿玉帶」，就有一扣九圓環、四塊方銙、一鉈
尾組成。環銙以玉為筐，下襯金板，再鑲以珍珠及紅綠藍三色寶石，真是珠光
寶氣，分外富麗。

　　九環蹀躞帶是在每塊玉帶板的下方，扣上能懸掛小物品小環的玉帶便被
呼作「蹀躞帶」。九環，便是有九個小鉤環。「蹀躞」一詞，本指小步疾走
之意。蹀躞帶本為胡制，帶環用作佩掛各種隨身應用物適應騁騎需要。金蹀躞

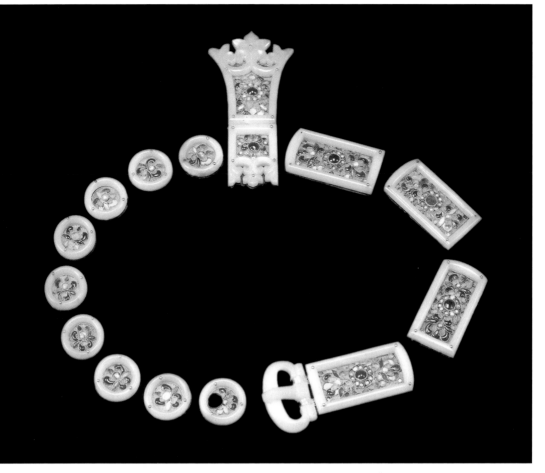

長安縣南裡村竇皦墓出土竇皦墓金筐寶鈿玉帶　1992年出土

帶自魏晉傳入中原，到唐代曾一度被定為文武官五品以上必佩之物，用以懸掛算袋（放置算籌）、刀子（小刀，像帶筷箸刀叉的蒙古刀）、礪石（磨刀石）、契苾真（雕鑿楔子）、噦厥（解繩結錐子）、針筒（即竹筒，放紙張、帛書）、火石袋等 7 件物品，俗稱「蹀躞七事」。

　　唐代一度非常流行配蹀躞帶，婦女群起仿傚，著男裝、腰繫蹀躞七事帶。《新唐書·車服誌》云，「中宗後……宮人從駕皆胡帽乘馬，海內效之，至露髻馳騁，而帷帽亦廢，有衣男子衣而靴如奚契丹之服。」明顯受胡風衣著影響。《洛陽伽藍記》五謂于闐國，「其俗婦人袴衫束帶乘馬馳走，與丈夫無異。」《新唐書·五行誌》內載「高宗嘗內宴，太平公主紫衫、玉帶、皂羅折上巾，具紛礪七事（錯按：即蹀躞七事），歌舞於帝前。帝與武后笑曰：女子不可為武官，何為此裝束？近服妖也」。宋朝沈括《夢溪筆談》內載，「中國

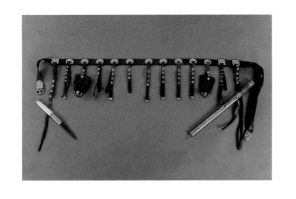

衣冠，自北齊以來，乃全用胡服。窄袖緋綠，短衣、長靿鞋，有蹀躞帶，皆胡服也。……帶衣所垂蹀躞，蓋欲佩戴弓箭、帉帨、算囊、刀礪之類。自後雖去蹀躞，而猶存其環。」可見蹀躞帶已漸漸由實用性轉化為裝飾性。

沈從文在《中國古代服飾研究》一書內論及〈唐末·五代回鶻進香人〉一章內，曾據高昌壁畫，重繪出幾個回鶻族進香貴族男子，腰繫唐代初期官服制定的蹀躞七事及帛魚，另外又據永泰公主墓刻、韋頊墓線刻、及敦煌壁畫內具蹀躞七事的西夏進香貴族，指出《唐會要》卷三十一載景雲二年（711

唐代突厥貴族狩獵紋金蹀躞帶——內蒙古錫林郭勒盟蘇尼特右旗出土（上圖）
唐人畫塑中的蹀躞帶（見沈從文《中國古代服飾研究》）（左下圖）
西安唐永泰公主墓墓石槨線刻男裝宮女身上所束鈿鏤帶上懸掛的蹀躞帶（右下圖）

AD）制，「令內外官依上元元年（674 AD）勒，文武官咸帶七事。」沈先生在舉出「契苾真」及「嚈厥」兩事時，亦未深究，僅以括弧內寫「二物中或有解錐，即古代之觿。」但他又指出，開元二年（714 AD）初已有敕令上朝有佩帶制度，但平時是不使用的。所以一般中原圖畫及雕塑，除了乾陵前有一百一十個石刻西北諸族君長武將像，帶制俱全，其他極少見穿圓領袍服佩蹀躞七事帶的。

由於便利儲藏，何家村窖藏金銀器盛放珍寶器物不限於大銀盒，其中有兩件製作精美的銀質提樑罐，一為世所熟知國寶級的「銀鎏金鸚鵡紋提樑罐」，另一為「銀蓮瓣提樑罐」。提樑罐本為盛放酒水器物，但兩罐出土時均內置放丹砂玉

何家村出土銀蓮瓣提樑罐　1970年出土（上二圖）

器等物，足見當初為了節省空間及儲放，許多物件就置放在這些銀盒銀罐內，以便攜帶，並以墨書註明盛放何物何斤兩等細節。許多著述都誤會了，以為這些容器也可以用來置放丹藥或珍寶，其實不然，也太浪費了。譬如提樑罐，它是酒、水的容器，絕不會拿來放丹藥。把丹藥或其他物件放在裡面是權宜之計，一旦點收後就會改用作正常功能。不過金銀大圓盒倒有可能用作放置丹砂、上奶之用。

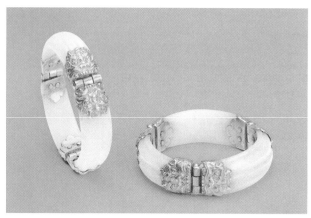

何家村出土藍寶石、紅寶石、黃晶、綠瑪瑙　1970年出土（上圖）
何家村白玉鑲金手鐲一對　1970年出土　8.1cm　水晶枕
高9.9cm（下圖）

「銀蓮瓣提樑罐」為一中型容器，高 19 公分，直徑 17.5 公分，以蓮瓣作為紋飾的唐代提樑罐目前只有何家村出土這一件，圓肩鼓腹，肩部以鉚釘接連兩片杏葉環耳，勾接一彎半月提樑。造型素雅大方，圓渾罐身飾以兩組蓮瓣，光滑潔亮。罐蓋頂上焊接三隻鎏金彎爪獸足，以便掀蓋避熱。

然而「銀蓮瓣提樑罐」讓人另相看卻是它的內藏的珍貴器物，罐蓋內底飾六塊蓮瓣，各瓣分別唐人墨書盛物如下：1. 琉璃盃、碗各一，2. 馬腦（瑪瑙）盃二，3. 玉盃一，4. 玉臂環四，5. 頗黎等十六段，6. 珊瑚三段；清楚紀錄當時準備盛放器物。出土時實際器物名稱如下，數量一致：「水晶八曲長杯，凸圈紋玻璃杯，瑪瑙杯兩件，白玉忍冬紋八曲長杯，白玉臂環四件，寶石十六塊（藍寶石、紅寶石、綠瑪瑙、黃晶），珊瑚三段。」

所謂頗黎，「頗」「玻」通，頗黎即玻王黎，晶瑩寶石也。現今粵語亦稱琉璃為「玻瓈」，應就是唐音的轉義。這些寶物真是琳瑯滿目，美不勝收。

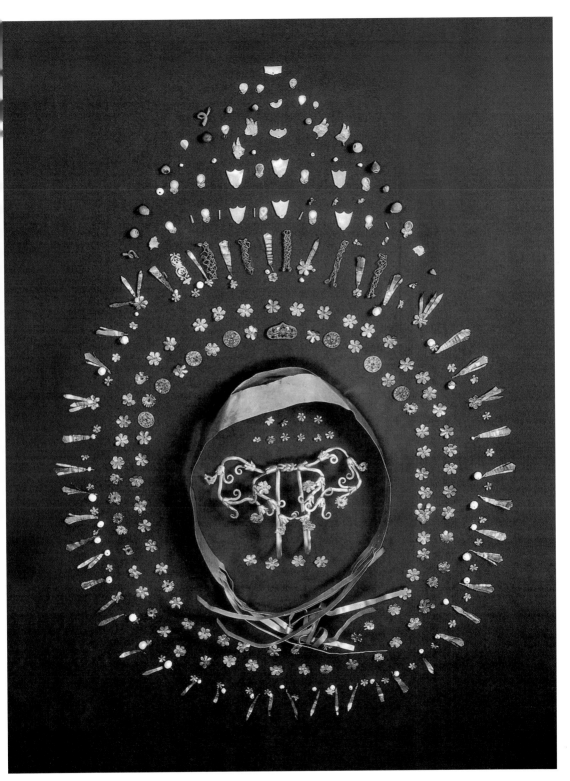

西安咸陽國際機場賀若氏墓出土金頭飾三百多件一套　1988年

寶石均隨天然形塊體狀，晶瑩亮麗。藍寶石紫藍深湛，如天穹無雲；紅寶石玫瑰血紅，披心瀝血；黃玉細膩潤滑，有似凝脂；綠瑪瑙碧翠如玉，亦稱玉髓。

白玉鑲金手鐲又名白玉臂環，更令人聯想翩翩。手鐲是用鑲金虎頭合頁把三節弧形玉連接成環鐲，再上下用金釘鉚穩。虎頭相接之間亦用鉸鏈式合頁軸相連，軸心銷釘可自由插入抽出以開關，真是巧心妙手。潔白無疵的白玉，晶瑩如美人玉腕玉臂，想像輕紗內一只手臂伸出，金光閃閃，分不出人如玉，或玉如人。

唐代白玉飾物還有 1980 年在西安市唐大明宮遺址出土的一塊小型「錯金白玉牌垂飾」，長僅 4.9 公分，闊 4.2 公分，通體雪白潤澤，形似雲彩冠蓋，正面鑲嵌以錯金連枝雲雷紋。白玉鑲金，白裡透金，素淨高貴，其視覺效果亦似白玉鑲金手鐲。

1979 年西安東郊唐興慶宮遺址尚出土有六片「白玉簪花」，亦是唐白玉器的珍品，這六件薄片白玉簪花兩面紋飾相同，不分正反。共三種圖案，分別為海棠石榴、海棠鳳凰、海棠鴛鴦，以淺浮雕勾琢出花葉形狀，能在薄玉片上雕琢出如此細緻的浮雕花卉，絕對的玉器高手的傑作。

何家村窖藏出土錢幣 39 種，是錢幣收藏史上一次大發現。出土錢幣包括唐代流行的開元通寶，西域高昌國的高昌吉利錢，日本元明天皇鑄造的「和同開珍」銀幣，波斯的薩珊銀幣，東

西安東郊長樂坡出土金銀平脫螺鈿鸞鳥銜綬鏡　1956年出土
（上圖）　純正黃金「開元通寶」金幣（下圖）

西安市唐大明宮遺址出土白玉簪花　10-11.5cm（左圖）
西安唐大明宮遺址出土錯金白玉牌垂飾　1980年出土　長4.9×寬.4.2 cm（右上圖）
西安臥龍巷出土漢白玉兔鈕龍鳳葡萄紋鎮　1974年出土（右下圖）

羅馬金幣等。還一次出土了金「開元通寶」30 枚，銀「開元通寶」421 枚。其他還有戰國魏國「京一釿」銅平首布、6 枚鎏金貨布、唐代鑄造以應節慶的鎏金銅「永安五男」。

　　傳說唐玄宗常在承天門樓上設宴娛樂，筵席間興致高昂時，便向樓下拋撒金錢作為賞賜。唐代詩人張祜《退宮人》一詩有「開元皇帝掌中憐，流落人間二十年。長說承天門上宴，百僚樓下拾金錢。」的詩句。「金錢」指「金開元通寶」，它不用於流通而僅供賞玩。何家村窖藏一次出土了「金開元通寶」30枚，是「金開元通寶」迄今惟一的一次發現，也就更增加了窖藏器物原為入供大內皇宮的可能性與可信度。（四章之三）

唐代金銀器研究（4/4）
微風暗度香囊轉

清鏨花卉紋金香薰（上二圖）

《西京雜記》一書多記漢代西京（長安）軼事，卷一第29條〈常滿燈/被中香爐〉內載長安巧匠丁緩曾造臥褥香爐，又名被中香爐，內「為機環，轉運四周，而爐底常平，可置之被褥，故以為名。」

被中香爐就是一種球形的袖珍薰香器具，球分兩半，上半為蓋、下半為身。下半身內部又另設有一持平穩定機制，可使外球翻動「轉運四周」，而內部盛薰香料的「爐底常平」，不會打翻，更可「置之被褥」香薰，不會火星引燃或香灰沾污。漢代的被中香爐，就是唐代香囊、宋代香球的前身。陸游《老學庵筆記》內云北宋汴梁貴族婦女乘坐犢車時，「皆用二小鬟持香球在旁，而袖中又自持兩小香球。車馳過，香烟如雲，數里不絕，塵土皆香。」

何家村「飛鳥花果葡萄金銀香囊」　1970年出土（本頁圖）

唐代香囊有兩種，一種用五色線在綢緞上繡製各種幸福美滿紋飾，再密縫成各種形狀不同、大小不等的小荷包，內放多種不同濃烈芳香的草藥香料細末，掛在身上。秦觀的「香囊暗解，羅帶輕分」就是這種香囊，可稱為「荷包香囊」。荔枝亦稱作香囊，大概與小荷包的外形有關，台灣夏季名產荔枝不緣舊名「妃子笑」而叫「玉荷包」，核小肉甜，應是與香囊叫法有關。唐代詩人徐寅有〈荔枝〉詩，上半首就呼作香囊：

法門寺出土鎏金鴻雁薰籠（上圖）
陳洪綬　斜倚薰籠圖　上海博物館（下圖）

朱彈星丸燦日光，綠瓊枝散小香囊。
龍綃殼綻紅紋粟，魚目珠涵白膜漿。

另一種是「被中香爐」的薰球香囊，目前中國出土一共只有 8 件，但據齊東方的《唐代金銀器研究》，另有 5 件藏於國外，1 件在日本正倉院，1 件在美國華盛頓弗利爾美術館，2 件在美國私人收藏家卡爾·凱波，1 件在紐約大都會博物館。

1963 年陝西西安沙坡村窖藏出土 4 件，其中「花鳥紋銀鎏金香囊」，直徑 4.8 公分；1965 年西安三兆村唐墓出土 1 件，1970 年何家村窖藏出土 1 件「飛鳥花果葡萄金銀香囊」，1987 年陝西扶風縣法門寺出土 2 件。那是利用香料在圓形的香囊（爐）內燃燒散發出來的香氣，《紅樓夢》第五回〈賈寶玉神遊太虛境〉內，寫警幻仙子「攜了寶玉入室。但聞一縷幽香，不知所聞

何物」。警幻冷笑道：「此香乃塵世中所無，爾何能知！此係諸名山勝境初生異卉之精，合各種寶林珠樹之油所製，名為群芳髓。」陳洪綬的人物畫代表作〈斜倚薰籠圖〉裡，一個少婦披擁被褥懶慵斜倚在一個細竹篾條編織的罩籠，蓋在一薰香爐上，反映出香薰在古代生活的普及性。法門寺曾出土「鎏金鴻雁薰籠」可作比較。

1970 年何家村出土的「飛鳥花果葡萄金銀香囊」，金銀錘鍱而成，外層刻花鏤空，下半身內層有純金打造的半球形香盂，直徑 4.5 公分，屬小形香囊，有環鏈及掛鉤，適合攜帶，如置之被褥或袖中，就像易安居士寫，「東籬

西安沙坡村「花鳥紋銀鎏金香囊」　1963年出土（上二圖）

把酒黃昏後，有暗香盈袖。」也像白居易追憶長安麗人的暖手香囊，「鬢動懸蟬翼，釵垂小鳳行。拂胸輕粉絮，暖手小香囊。」元稹亦有描述，「雨送浮涼夏簟清，小樓腰褥怕單輕。微風暗度香囊轉，朧月斜穿隔子明。」長形窗櫺謂之「隔子」，朗月清風的夜晚，風自長形窗戶輕吹而來，香囊輕輕擺動，送出靄靄氤氳香氣。

王建〈秋夜曲〉其一內提到的香囊，明顯就是金屬薰球香囊：

天清漏長霜泊泊，蘭綠收榮桂膏涸。
高樓雲鬢弄嬋娟，古瑟暗斷秋風弦。
玉關遙隔萬里道，金刀不翦雙淚泉。
香囊火死香氣少，向帷合眼何時曉。
城烏作營啼野月，秦川少婦生離別。

　　法門寺塔基地宮出土監送使刻製的「衣物帳」碑（全名為《應從重真寺真身供養道具及恩賜金銀器物寶函等並新恩賜金銀寶器衣物帳》），內登記有唐懿、僖二宗及皇室眷屬內臣等人供奉的金銀寶器及青瓷器物。帳內文字寫有「香囊二枚重十五兩五分」之句。這兩枚帶鏈的「銀鎏金雙蜂團花紋香囊」明確被稱為「香囊」，直徑 12.8 公分，重達 15 兩多，一定是金屬器，也是目前出土最大的銀薰球香囊。體積碩大，應是宗教活動懸掛的大型香器，香聞四方。法門寺每年均迎舍利入宮中供奉及迎返寺院，香囊可能是往返之間的法事應用薰香器物。唐代沙門慧琳撰《一切經音義》內〈香囊〉條，「香囊者，燒香圓器也。」「以銅、鐵、金、銀玲瓏圓作，……機關巧智，雖外縱橫圓轉，而內常平，能使不傾。妃后貴人之所用之也。」

　　元稹有〈香球〉詩，「順俗唯團轉，居中莫動搖。愛君心不惻，猶訝火長燒。」就是指金屬薰球香囊，其詩隱喻渾然天成，語帶雙關，一點不遜西方的「玄學巧喻」（metaphysical conceit），既描述香囊結構，又能奇妙附會情愛，自圓其說。

　　這兩枚法門寺出土香囊的結構，香囊均鈑金成形，通體鏤空，上下兩半球用絞鏈相接，再用子母口鉤扣相合。銀薰球內部鉚接兩個持平環（gimbals）和一個香盂，持平環為兩個同心金屬圈，直徑大小相套，香盂小於內持平環。外持平環與內持平環、內持平環與香盂之間成直角相互鉚接支承，現代稱這種結構為萬向軸。

　　物理學中，要使一個具有一定重量的物體不傾斜翻倒，最佳的方法是採用支點懸掛。銀薰球就是採用了這種方法，將香盂懸掛在兩邊各有一個軸孔的內持平環中，當內持平環呈水平位置時，香盂因自身重量，可以前後輕微晃動而

法門寺「銀鎏金雙蜂團花紋香囊」　1982年出土（上圖與右下圖）

不會左右傾倒。但僅用一個持平環是無法避免香盂向軸向方向傾斜翻倒的。為解決這一問題，必須在軸向再做一個較大的持平環，將懸掛香盂的內持平環懸掛在外持平環上，並使兩環的軸孔正好垂直，軸心線的夾角為90度。這樣，內持平環能避免香盂前後方向傾斜；外持平環則能防止香

盂（包括內持平環）左右傾斜。盂心隨重心作用，始終與地面保持平行，無論薰球怎麼轉動，盂內的香料都不會撒出，可置於被中或繫於衣服。

　　但是揚之水及孟暉兩位的著作內都置疑，至今出土唐代全部設有環鏈掛鉤在頂部的香囊，適合放在被子或袖子嗎？如此豈不很礙事嗎？也許有鏈鉤的香囊都不是用來放在被窩或衣袖內的，目前只有國家博物館所藏的一件明代通體渾圓的銅香球，沒有鏈鉤，可以用作被底。

缺乏物證，並不等於器物不存在。許多小型香囊，其鏈鉤均比大型香囊鏈鉤短得多，也就暗示了近身懸掛之意。目前出土香囊大都來自窖藏或宗教器物，也許將來墓葬出土會帶來更多的證據，但明顯看出唐宋以後，帶鏈鉤金屬薰球香囊已開始式微。「異國名香滿袖薰」或「有暗香盈袖」可能亦指香薰過的衣裳，穿著出來一室皆香。至於是香薰衣服、荷包香囊、抑是金屬香囊之功？悠悠千古，人去樓空，真相永遠依稀。

　　香囊還有一則為人熟知唐明皇、楊貴妃的哀婉傳說，妃子馬嵬坡被縊後，《舊唐書》〈后妃上〉載「上皇自蜀還，令中使祭奠，詔令改葬。……上皇密令中使改葬於他所。初瘞時以紫褥裹之，肌膚已壞，而香囊仍在。內官以獻，上皇視之悽惋，乃令圖其形於別殿，朝夕視之。」《新唐書》亦有相同記載，唯最後數語為「故香囊猶在，中人以獻，帝視之，悽感流涕，命工貌妃於別殿，朝夕往，必為鯁欷。」悽惋兩字，伸展入悽感流涕與鯁欷，令人閱之憮然。但因是「仍在」「猶在」，雖然有可能是金屬香囊，但應該是佩戴在身的「荷包香囊」，仍未腐爛。唐代張祐感嘆此物事，有《太真香囊子》一詩：

　　　蹙金妃子小花囊，銷耗胸前結舊香。
　　　誰為君王重解得，一生遺恨繫心腸。

　　呼應了當時流行的一種說法，這個用緊密蹙金結繡細花紋飾的香囊，縛掛在已成枯骨妃子胸前，舊香日漸虧損，有人為君王解開送回，但如今重新繫上

法門寺出土「蹙金刺繡半臂短袖外套」

法門寺出土「蹙金刺繡案裙」

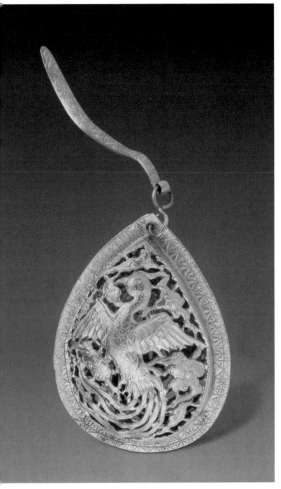

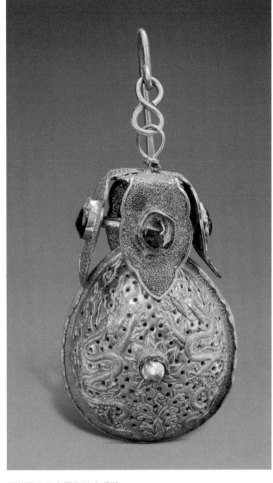

明永樂鏤空雲鳳紋金香薰　　　　　　明萬曆嵌珠寶雲龍紋金香薰

不解的，不止是氎金香囊，卻是一生摧心斷腸的遺恨了。

　　有關氎金刺繡，法門寺曾出土有「氎金刺繡半臂短袖外套」及「氎金刺繡案裙」可供工藝參考。

　　唐朝皇帝在臘月初八，歲終祭祀百神之日慶典上佩帶「衣香囊」並賞賜大臣近侍香料，以示恩寵。張九齡寫有謝唐玄宗〈謝賜香藥面脂表〉內曰：「臣某言：某至，宣敕旨，賜臣裹衣香面脂，及小通中散等藥。捧日月之光，寒移東海；沐雲雨之澤，春入花門。雕奩忽開，珠囊暫解，蘭熏異氣，玉潤凝脂。藥自天來不假准王之術；香宣風度，如傳荀令之衣。臣才謝中人，位參上將，疆場效淺，山嶽恩深。唯因受遇之多，轉覺輕生之速。」香面脂、澡豆、手膏、薰衣濕香均是貴族潔淨皮膚及衣物的用品。其他文句，則頗迂腐。

唐人章孝標《少年行》一詩，描寫貴族出獵：

平明小獵出中軍，異國名香滿袖薰。
畫梐倒懸鸚鵡嘴，花衫對舞鳳凰文。
手抬白馬嘶春雪，臂竦青骹入暮雲。
落日胡姬樓上飲，風吹簫管滿樓聞。

唐朝李靖在諸葛八陣基礎，編練演變出六花陣形，中軍居中，中軍周圍分布前軍、左軍、左虞侯軍、後軍、右軍、右虞侯軍。岑參塞邊詩句有謂「中軍置酒飲歸客，胡琴琵琶與羌笛」，就指這類隊伍。平明是天亮時候，貴族出獵浩浩蕩蕩，西域南亞的名香薰得滿袖香遍，配上錦繡衣裳、白馬嘶啼、肩上青脛獵鷹。打獵完了，入暮就在胡姬酒館置酒而飲，晚風和著簫聲，響徹滿樓。

南宋龍泉豆青鬲式三足香爐

西漢青銅博山爐

到了宋代，蘇軾〈翻香令〉詞內的薰香已是在香爐了：

金爐猶暖麝煤殘，惜香更把寶釵翻；重聞處，餘薰在，這一番氣味勝從前。背人偷蓋小蓬山，更將沈水暗同燃；且圖得，氤氳久，為情深，嫌怕斷頭煙。

小蓬山的香薰爐應該是博山爐，沈水就是沉香。詩人寫作累了，用來作墨的麝煤已磨得殘碎，然香爐猶溫，因為憐香惜香，不忍相棄，遂把長釵挑動火燄，餘薰香過，氣味猶勝從前。暗中再加燃沉香木，為的是，願情深香久，不會斷截。（四章之四）

從侍奉者到保護者
陶俑演變及唐三彩天王的佛教淵源

前言

　　陶俑演變在文化層面而言，隱含著人類進化史內神話與宗教相互影響。中國自秦漢以來，隨著國勢富強、經濟穩定、政治精明與兵力發展，造成大一統局面，文化藝術隨亦輝煌燦爛。陶瓷方面工藝技術演變燒製成功，無論低溫釉的生活用陶或建築用陶，到墓葬用的陶俑群塑，都顯示出一種繼往開來的民間文化特徵。其中尤以厚葬風氣需求，陶俑形象舉凡數變，大放異采。及自漢到唐，陶俑不但間接顯示出社會演進，更在人文思想上，牽涉到從器物具象崇拜進展入抽象宗教哲義。本文分別從文化藝術、哲學、神話與宗教等角度，探討秦漢到唐代三彩陶俑演變與它們在社會中，所扮演的文化角色及功能。

一、陶俑在神話與宗教的涵義

　　近代文化哲學家卡西勒在《人論》（*An Essay on Man*）一書中開章明義，對西方「人」的定義探索，有非常精闊說明。他引章據典，指出「自我認知」（self-knowledge）乃是哲學探索最高目標的共識。這種內省認知，其實就是進一步的「自我認定」（self-realization）。[1]

　　西方哲學家從最早的希臘羅馬時期一直到中世紀猶太基督時期出現之前，無不指向一種存在求知——我是誰？我為何而存？這種求索過程尤以「前蘇格拉底期」（Pre-Socrates）的米利都學派（Milesian School）對人在物質世界的認知最為顯著。譬如，泰勒斯（Thales）認為萬物均由水做成，赫拉克利特（Heraclitus）認為火是根本實質，萬物像火燄一樣，是由別種東西的死亡而誕

生。這種論調，和《莊子》薪盡火傳的物變十分相似。[2]

　　但是到了蘇格拉底、柏拉圖與亞里斯多德的希臘三哲，人的認知才從物理世界進入主觀的「人」的感覺世界。蘇格拉底最有名一段故事，從柏拉圖《對話錄》可讀到。有天，蘇氏和他的學生斐德若（Phaedrus）在雅典城門外散步，看到美麗風景，不禁歡喜讚嘆。斐德若忍不住打斷他說，老師，你難道從未出過城嗎？蘇格拉底回答說，「的確如此，老弟，我希望你聽我解釋後會諒解。我是一個喜歡知識的人，而我的老師是城裡的人，而非城外草木」。[3]

　　蘇氏說得很清楚。要了解人，不能只從客觀物理現象，而必須從人的主觀感覺與學習，也就是「知識」根源（也讓人聯想起後來《舊約聖經》中「知識之樹」及「生命之樹」，而人之所以為人，乃是選擇了前者的禁果），才能認知宇宙及存在本體。這種「有我」觀，奠定了西方文化以我為主體的辯證方法，是柏拉圖在《共和國》內強調人與人對話方式。[4] 他的學生亞里斯多德說得更清楚，他說：求知是人類本能，我們的感覺已足夠說明這一點，尤其是視覺。這種強調人本位的眼耳鼻舌身意感覺，和東方的天人合一或物我相忘的美學，大異其趣。[5]

　　以上的西方哲理重述，主要帶出卡西勒所謂「人自我認知的迫切焦慮」（The crisis of man's knowledge of himself）。我並未把 crisis 譯作危機，是因為我覺得從史觀而言，這種自我認知，並非一種特限時空的危機時刻（critical moment）。它是經常存在於人的意識、潛意識或集體意識裡，中外皆然。在

---

1 Ernst Cassirer, *An Essay on Man*, Yale University Press, 1972.

2 讀者可參考這一時期的其他哲者對人與宇宙物質關連的學說，See Bertrand Russell, *A History of Western Philosophy*, Allen& Unwin, London, 1955, chap.1-10，包括畢達哥拉斯（Protagoras）、巴門尼德（Parmenides）、阿那克薩哥拉（Anaxagoras）等人的哲理演變。或近人David Sedley 編著，*Greek and Roman Philosophy* 內 "The Presocratics" by Malcolm Schofield, Cambridge University Press, 2003, p42-71. 《莊子》〈養生主〉「指窮於為薪火傳也，不知其盡也。」

3 Plato, *Phaedrus, see Plato: The Collected Dialogues*, ed. Edith Hamilton & Huntington Cairns, Princeton U. Press, 1989, p.479. 朱光潛曾翻譯有《柏臘圖文藝對話集》，則是採用早期 B. Jowett, tr. *Plato: Dialogues* 一書版本，第4章〈斐德若篇〉專論詭辯，愛情及靈魂。

4 其實東方亦何嘗不如此，只不過『論語』對話中強調的是孔子的回答，而非學生的問題而已。到了宋明理學，王陽明與朱熹的話語方式多是如此。

5 Aristotle, *Metaphysics*, Book A, I, English tr. By W.D. Ross, *The Complete Works by Aristotle*, v.8, Clarendon Press, 1924. See also Cassirer, p.2.

宗教主宰人的信仰之前，這種對自我認知的迫切焦慮，是許多遠古神話誕生的動力。

我們甚至可以說，神話或儀式崇拜（rites and rituals）來自人認知過程的實際要求，帶來安全慰藉，克服恐懼，並非妄言妄信。西周初，周公制定禮樂，把禮提升到治國綱領與社會規範，到了春秋戰國，禮崩樂壞，孔子與儒者以降重新制定儀禮，包括喪、祭之禮。後來《禮記》構成 49 篇章，即包括〈喪服〉11 篇、〈祭祀〉4 篇；其他通論章篇，譬如〈檀弓〉上下，亦有提及祭祀用的明器。

中國漢代墓器，包括陶俑在內，大致追隨戰國遺制，除了一般殉葬明器，還添增了穀倉、灶爐、井、磨等生活用具，另外還有居所、豬圈狗舍、役吏奴僕、俳優樂伎等俑器，把陽間生活習慣帶到陰間來。[6] 也就是說，漢人除了遊仙與長生不老的求索，仍然強調把生前一切延伸入身後。眾多明器中，以綠釉樓台碉堡及院宅最具特色。巫鴻先生在〈漢代藝術中的「天堂」圖像和「天堂」觀念〉一文中，把一些墓內「天堂」圖像，和另一些殉葬明器或畫像劃分。他認為後者明器，代表著一種「戀家情結」，其主要特徵是通過模擬（mimesis）及美化（idealization）現實，而替死者提供一理想化的死後世界。他繼續說：

> 而人之所以「戀家」又和生而俱來的一種恐懼感不可分：任何陌生地域都引起恐懼，而最使人害怕的是死後將進入的黑暗世界。讀楚辭《招魂》與《大招》，可知古代的「招魂」禮儀實起源於這種對異域的恐懼與對本土的依戀。[7]

所謂「生而俱來的一種恐懼」，其實就是上文所提到的「人自我認識的迫切焦慮」，因為現在的問題已不再是「我是誰？」，而是「我往那兒去？」明器用具及陶俑，不止是提供理想化死後世界，也許我們更應該說，在「生的依戀」中，現實世界的再肯定與無限伸延。也就是說，儘管生死已有鴻溝劃分，但在生人心中，死者（或現在的生人，將來的死者）依然存在於生前的「宗族聚居」（kinship gathering）環境，包括陶樓亭台，奴僕婢女等侍奉者。子《禮記》〈檀弓〉子思和曾子的對話，就是指出所謂明器或祭器，均是認定祖先魂

靈存在而設奠的。[8]

　　那是一個什麼現實世界的伸延呢？我們試以侍奉主題，在漢唐明器中清理出三類呈現。那就是 1. 居所，2. 民生用器，3. 陶俑角色。

　　先從居所説起。所謂陶樓亭台，只是一般通稱，英文通稱「望樓」（watch tower），其實是宅院、莊園、碉堡的「望樓混合體」（tower conglomerate）。[9] 這類望樓內的陶俑身份，多是侍奉者執戈（弓弩居多）捍衛主人，但以他們待從者的身分，只能稱為衛士，並不配稱為保護者。

　　再看台北歷史博物館收藏一座東漢綠釉陶樓為例。此樓高 97 公分，為一高樓與水池組合式作品。據描述：「最下為平底圓狀盒，象徵水池，池裡有游魚四，池沿環列水鴨、小羊及小馬等禽畜；池上矗立一仿木結構的重檐三重樓閣，最

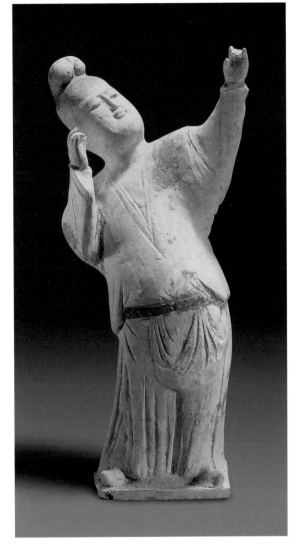

唐代男侍射手俑

6　《禮記》第四〈檀弓下〉，“孔子謂：「為明器者，知葬道矣，備物不可用也。」哀哉！死者而用生者之器也。不殆於用殉乎哉？「其曰明器，神明之也」；塗車芻靈，自古有之，明器之道也。孔子謂「為芻靈者善」，謂「為俑者不仁」，不殆於用人乎哉？”《新譯禮記讀本》，姜義華注譯，三民書局，台北，1997，p.147。其實孔子反對的是厚葬用俑習俗，崇尚用泥車草人薄殮，更反對用活人殉葬。因此，明器的象徵意義大於實物。

7　巫鴻，〈漢代藝術中的「天堂」圖像和「天堂」觀念〉，《歷史文物》雙月刊，第6卷第4期，1996年8月，p.6

8　“曾子曰：「其不然乎！其不然乎！夫明器，鬼器也。祭器，人器也。」”，就是説“不對，不對，明器是為鬼魂而設的器物。祭器是孝子自已使用的器物來祭拜祖先。”見注6，p.114。

9　早期 Michael Sullivan 就把這類明器稱為 “Han pottery watch power”，see Michael Sullivan, *A Short History of Chinese Art*, University of California Press, 1967，p.98。

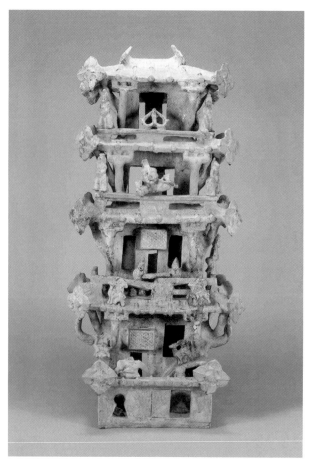

東漢綠釉望樓　鴻禧美術館藏 　　　　加拿大多倫多　Royal Ontario Museum　漢代望樓

上層之頂蓋屬四阿式，每面分由板瓦和筒瓦疊成……，樓板四周以欄杆圍繞並
在四角各配置一擔任警戒、候望的持弩武士俑；……第二層之形制如室內建築
及人員配置等類同頂層，唯無斗栱。最底層之四壁面各開拱門狀缺口，上半部
小內室各面均有一半開狀方窗，室外再另設一具銜接池畔的登梯。」¹⁰

10 陳鴻琦〈館藏珍品——東漢綠釉陶樓〉，同上註，見封面內頁。另一座相似塔樓為加拿大多倫多『皇家安
　大略省博物館——徐展堂中國藝術館』內收藏的一座東漢鉛釉綠陶塔樓。唯一不同是在圓盒水池旁不是禽
　畜，而是武士騎馬巡戈。這類水榭陶樓，如非碉塔弓弩式外，也有歌舞雜耍的百戲陶樓，譬如1969年山
　西省運城縣出土一件三簷三台五層四阿攢尖頂式的高層百戲樓，內有主人坐賞歌舞伎及漢代流行的百戲雜
　伎。另台北鴻禧美術館亦收藏有四層樓閣，人獸眾多，最底層有鍵孔式灶孔或門戶，具備莊稼風格。

漢代望樓莊園　河南博物館藏

上述碉堡式內的弓弩武士及農莊式的禽畜魚池，就是典型「望樓混合體」。秦漢均為農業經濟的專制國家，地主官僚成了貴族階層，因此除了少量皇族及奴隸成為首尾兩端的社會階級外，其餘就由莊園地主及繳納田地賦稅的農民這兩大階層所組成中下階層。早期集約式農耕，慢慢進展入漢代宗族式莊園集居耕作。那是由於農家耕地與豢養畜禽，皆需地主武力保護，以免遭受外敵掠奪，形成一種地主與農民聚合的宗族社會。學者指出，漢代是中國古代人口成長最快速的一個時期，史料有載，西元一世紀初（平帝時）全國人口數已達五千九百多萬，這數字要到明代才被打破。雖然農業進步，糧食充足，然而社會問題也因此叢生不已，主要是農地不夠分配，造成農民流離失所。西漢末年土地兼併的情形已很嚴重……東漢時地主豪強長期壟斷政治和經濟利權，農民被迫放棄自己的產業轉而依附於豪宗大族建立的莊園生存，於是形成漢末及魏晉時期特有的「莊園經濟」；考古發掘許多東漢墓中的綠釉陶器穀倉、樓台及農夫俑等，反映當時地主豪強的莊園是自給自足的。[11]

東漢望樓　私人收藏（上圖）
漢代綠釉莊園　私人收藏（下圖）

這種戰爭與和平並存的莊園經濟模式，經常藉漢晉碉堡樓台、動物家禽的陶塑明器，反映呈現出一種「宗族聚居」社會狀態。

及至發展入唐代，宗族聚居逐漸演變為家族聚居。居所陶器，也由陶塔望樓進化入莊院住宅。1959 年西安市郊中堡村唐墓出土有系列的三彩建築模型，經修復後，成為一組極具特色的三彩院落建築群體，現存陝博。

11 蘇啟明〈漢代的農業〉，同上，第12卷第8期，2002/8，p.14。

1959年西安中堡村唐墓出土「三彩宅院」（上圖）
東漢綠釉陶樓　台北歷史博物館藏（下圖）

這群體是一座長方形兩進式院落，除了左右兩側各三座廊舍對稱排列外，兩進後，在前堂與後寢兩座樓房之間，還有兩座極具特色的八角亭和假山石，呈現出難得一見的庭台樓閣 、花園草木的宅院景色。至少，與漢代頗為陰森的望樓陶塔相比，唐三彩宅院繽紛柔和氣象，使陶製明器進入另一個美學的色彩世界。

　　1987 年，陝西省銅川市王石凹唐墓出土了另一組更精彩系列的唐三彩宅院。這套現藏於耀州窯博物館的中國傳統四合院建築組合，以「中軸線對稱佈局，共有房七間，正房居中，另有次要偏房、侍房、四角攢亭尖，亭頂為綠釉瓦形，外還有門、井、磨、箭靶、人、馬等；門外有拴著的馬匹及正騎著象徐徐而來的西域客人；正房前擺放有案、榻。可見主人正在準備酒飯，以宴請遠方來的賓客。」[12] 姑勿論這段文字重塑性有多準確，至少唐人生活形態呼之欲出。也由於這種隨時可以移動，散聚開闊的組合庭院，與單一建築物的漢代塔樓大相逕庭，生動反映出唐人多采多姿的生活常態——井、磨代表民生用具，箭靶代表尚武或比賽玩樂，案榻（細看之下，案桌是真，其餘兩座不似臥榻，看來更像是烹飪或煮茶的爐灶）代表家居生活。

山東濟南無影山出土「東漢百戲雜伎」

東漢黃陶犬　河南博物館藏　　　　　東漢紅釉陶犬　河南博物館藏

　　俑本就有陪伴象徵，各式各樣陶俑，也就成了相陪死者一種「生的依戀」器物。農莊生活用具及禽畜，在漢代俑器特別眾多。譬如前述的廚房爐灶或豬圈狗舍，羊欄；古漢語「羊」、「祥」同義（漢銅鏡銘文經常出現「吉羊」字眼），因此羊群也帶有吉祥物之意。動物俑中，體型較大的漢綠或褚釉陶犬最是惹人喜愛。這類犬隻，應是中土土狗，並非後期唐代西域吐魯番高昌獻來（有如瑞獸銅鏡的猰犻），產自東羅馬帝國拜占庭的拂林狗。[13] 此類狗俑造型獨特，是陶俑藝術神來之筆。其犬神態，蜷伏昂首欲吠，獠牙外露，舌尖翹起，如聞吠聲，憨厚可愛。碩大頸脖上青翠、褐黃釉彩欲滴，更顯淋漓盡致。台北故宮及鴻禧美術館分藏有褐釉、綠釉陶犬各一隻。河南博物館所藏兩隻黃釉、紅釉陶犬，生動如聞其聲。

12 《天可汗的世界：唐代文物大展》展覽圖集，2002年，台北，p.138。

13 漢朝雖有張騫通西域，終不及唐代與西域諸國交通往來綿密鼎盛。高昌（Khocho）在今新疆吐魯番（Turfan）縣屬，早年漢武帝時，將軍李廣利兵敗，曾屯息於此。貞觀二年（628 AD）玄奘西遊曾過此地，因地區酷熱，山有赤紅岩石，後即為小說『西遊記』內之火燄山。而由高昌進貢的拂林（Farang）狗原產地是東羅馬帝國及西亞地中海沿岸諸地。以上資料參考自蘇其康編著，《西域史地釋名》，台灣，中山大學出版社，2002。拂林狗疑為馬爾他狗（Maltese），小型、長毛拂地，五代王涯《宮詞》：「白雪狻兒拂地行，慣眠紅毯不曾驚，深宮更有何人到，只曉金階吠晚螢，即是此犬。」唐‧段成式《西陽雜俎》《卷一》內載：「上夏日，嘗與親王棋，令賀懷智獨彈琵琶，貴妃立於局前觀之。上數枰子將輸，貴妃放康國猧子於坐側，猧子乃上局，局子亂，上大悅。」拂林狗疑即楊貴妃手抱此類的小型長毛狗犬。

動物俑和人物俑的演變是平行並進的，西漢俑器，主僕尊卑，極為鮮明。因此動物俑多為農莊禽畜，以供死者繼續享用，後來進展入唐三彩的鎮墓獸，卻已是保護者的角色了。人物俑本也是侍奉角色居多，從奴隸到男女侍俑，或立或跪坐，恭謹端莊。一入東漢，受到地主莊園中產階級經濟影響，轉趨生動活潑，尤其 1957 年四川成都天目山出土的擊鼓説唱俑，笑容可掬，一手持棒，一手抱鼓，一足踢起，一足危坐，手舞足蹈，可為東漢百戲俑群的典範。

漢代女歌舞俑（上圖）
1957年四川成都天目山出土「東漢擊鼓説唱俑」（右頁圖）

漢人好博，自然更不能忽視兩人對坐拍掌擲骰的綠釉六博奕戲俑，而六博棋盤設計，間接影響漢代博局銅鏡（或稱 TLV 鏡）的誕生。

　　以上例證，大致説明從漢入唐，動物俑和人物俑都經歷了巨大變化。唐代和西域交通發達，不止胡人商賈充斥長安市內，藝術風格亦深受希臘阿波羅文化（Hellenistic）及印度佛教犍陀羅（Gandhara）藝術傳入影響。[14] 因此唐俑碩大健壯，氣宇軒昂，武士、力士俑尤其英武豪邁，臂膀有力。

目前流行於古玩市場彩繪或三彩「胖女」俑，造型身軀豐腴，高髻廣袖、帔錦著裙，線條流動，堪為代表。三彩俑中，值得注意的是，侍奉者角色身份大幅度提升，其中又以鎮墓獸及文臣武官最為顯著。

　　《中國陶瓷文化史》內有一段文臣的有趣描述，「那些峨冠博帶的文臣俑，有的彬彬有禮，飽讀詩文，有的道貌岸然的打扮中刻劃出內心的刁惡，就像周興、來俊臣一類酷吏，讓人一眼就看出是些騎在人民頭上作威作福的惡棍。」[15] 如果回心一想，把這些「惡棍俑」放在墓裡豈不是讓死者自討苦吃嗎？但由此可知，這些文臣俑已經從奴僕的身份進展入另一個統治階層了。

　　其實，大部分的文臣俑均神色恭謹，雙手胸前合攏，衣冠端正。其外型除冠帽有別外，衣飾分前胸開高領敞袖長袍，及無領右衽寬袖長袍兩種，腰繫束帶，內著白裳，頭臉部不上釉彩，只用白粉塗敷。至於活潑的「惡棍俑」多為彩繪俑，不需有如三彩釉料般低溫燒製，其冠臉均以顏色彩繪，效果立竿見影，所以表情更細緻生動。[16] 1972 年陝西禮泉李貞墓出土一對文官俑，其一

---

14 有關希臘古典藝術與北印度犍陀羅地區藝術相互融合，早自漢代便自西域影響中國。此類研究早已自有公論。近人論著則可參閱林梅村〈漢代西域藝術中的希臘文化因素〉一文，《九洲學林》，1卷2期，2003，香港城市大學，pp.2-35。

15 李知宴，《中國陶瓷文化史》，台北文津，1996，p.208。

16 分別是「彩繪陶是繪彩而無釉的陶器；釉陶則是經過上釉這層工序，使顯出美麗光亮色彩的陶器」，黃春秀，〈唐彩繪俑之美〉，《歷史文物》第6卷第2期，1996年4月，p.51。

蹙眉攢目，有似酷吏，另一滿臉歡容，更像笑裡藏刀。由於彩繪是用色彩塗附在已燒成器物上，而非塗附在器物再入窯燒，所以千年以後的俑器，出土時顏色已剝削脫落，現今看到的多為修復品。

二、從侍奉者到保護者

表面看來，神話雜亂無章，它的曖昧與岐義常讓哲者退避三舍。就前述柏拉圖紀錄的〈斐德若〉篇為例，蘇格拉底強調人的本質之餘，也對神話有所顧忌，他下面說的話，有點像孔子「不知生、焉知死」的意味，他說：

> 要解釋的神話多著哩，一開了頭，就沒有甘休，這個解釋完了，那個又跟著來，馬身人面獸要解釋，噴火獸要解釋，我們就圍困在一大群蛇髮女、飛馬以及其它奇形怪狀的東西中面。如果你全不相信，要把它們逐一檢驗，看它們是否近情近理，這種庸俗的機警就不知道要斷送多少時間和精力。我卻沒有功夫做這種研究……一個人還不能知道他自己，就忙著去研究一些和他不相干的東西，這在我看是很可笑的。所以我把神話這類問題擱在旁邊……[17]

但這種「敬如在」的態度，並不等於希臘聖哲不相信靈魂或鬼神的不存在。雖然，自蘇格拉底及柏拉圖以降，以「理則」（Logos, Idea）及其他崇高理想與道德標準，宣佈了荷馬式眾神（Homeric gods）的死亡（早期希臘神話的神，也是人的想像，並以人的肖像為神像），並為中世紀猶太基督教義的創造主鋪路，做成唯心主義人與神中間一道巨大鴻溝。但靈魂不朽卻是蘇格拉底深信不移事實，他指出，「凡是靈魂都是不朽的——因為凡是永遠自動的都是不朽的。」[18]

這一切的一切，都把西方神話與宗教拉向一個共同點，兩者均強調理智了解之餘，另有「奧祕」（mystery）、「不可解」（incomprehensible）與「不可言傳」（unspeakable）的強大空間（譬如 Thomas Aquinas 的詮釋學），在裡面，宗教強調「真信」（belief），神話雖是一種無意識虛構，但卻是徹底強調「信以為真」（make-believe）。

神話和宗教共識為否定死亡，然而前者最大的「信以為真」，除掉強調靈魂（或中國的魂魄）不朽，還有一種對生命共同體不會中斷的連續信念。西方的文化學者很早就注意到中國人的祖先崇拜，是一種宗教動機（religious motive），而祖先，也成為宗族的保護神。狄高魯（de Groot）在《中國人的宗教》指出：

> 死者與家族的繫連並未中斷，而死者繼續行使他們的威權與庇護。他們是中國人物質世界的保護神、家族神，驅避邪魔，如意吉祥……。這種祖先崇拜能使這位祖先庇護他後人的丁財兩旺，而因此，後人財富也是先人財富；固然這些財富一直為生人所擁有，而父權法制及威權也同樣意味著，父母雙親仍然為小孩擁有一切的持有者……。因此，我們必須把父母與祖先尊崇，當作中國人宗教與社會生活的完全核心。[19]

　　因此我們明白，漢代墓室的明器陶俑，大多為侍奉或供奉有若神明的祖先，他們才是供奉者的保護神。但是隨著佛教東傳，到隋唐而大盛，護法神祇紛紛誕生，祖先神轉入被動庇佑角色，許多侍奉俑器也就轉變入保護俑器，其中最具代表性就是佛教的四大天王，及與十二生肖動物結合的四神十二時。[20]

　　以藝術風格而言，四天王的造型脫胎自武士俑或武將俑。武士俑多與文官俑成對，與另一對鎮墓獸同放在通往墓室的甬道上，極具儀仗保護姿態。1971年陝西禮泉縣張士貴墓出土彩繪貼金文、武官俑一對，分別高達 69 及 71 公分，重彩裝飾濃郁，服飾合乎唐朝體制，極具參考價值。[21]

　　當然，似人似獸的鎮墓獸，除了保留神話般如《山海經》內神荼、鬱壘的神祕驅邪特色，亦有嚇退闖入墓室野獸的實用功能。同樣，武士俑亦以猙

17 我採用了朱光潛的中譯，見註，p.146.

18 同上，p.170。

19 J. J. M. de Groot, *The Religion of the Chinese*, Macmillan, New York, 1910, pp.67, 82.

20 所謂四神十二時，是指墓室排列的一組保護者陣容，包括禽畜人身的十二生肖，一對文臣武將或一對天王俑。

21 可參考註11書內圖像，p.113-114.

獰臉龐與兇惡外貌見勝，他們身披明光鎧甲，雙目圓睜，手執干戈戍衛，或雙手捧或單手執，另一手撐腰或翻掌向上，有若叱喝止步，極其威武。由於體型魁梧，三彩釉色褚綠黃白交雜，亮麗軒昂，淋漓盡致。惟年代久遠，出土時木製或鐵製兵器均早已腐爛，所有武士俑均空手而立，兵器亦無從考證。

1981 年河南龍門出土盛唐定遠將軍安菩夫妻合葬墓武將天王俑，形態生動，釉色光鮮，安菩墓是少數唐代墓未經盜掘見光者，所以出土三彩陶俑均栩栩生動，未見釉色剝落，是研究三色陶俑的最佳全面例證。

四大天王為佛教天神。佛經中有一部頗為獨特的《文殊師利所說不思議佛境界經》；文殊師利在大乘菩薩中智慧第一，辯才無礙，騎獅持劍，精進勇猛，能破大執。一天，佛陀命文殊為大眾宣揚妙法，文殊遂開講諸佛不可思議境界。因此這不是一部佛陀說法經文，而是文殊菩薩在佛祖指示下，向諸眾所宣說之經，包括佛陀在旁不斷稱讚肯定，以及與其他詢問者的問答。此經警句妙喻屢出，閱者有若醍醐灌頂，大夢初覺。譬如：「諸佛境界，當於一切眾生煩惱中求」；醫師治病，應舉辛酸鹹苦應病之藥；諸法體相，有如萬波同出一水，「性相平等」；以及射師誤發其子等譬喻。

也許文殊菩薩講經講得太好了，欲色界諸天子中的善勝天子，遂邀文殊前往兜率天宮說法，並準備好道場講座，遙請文殊師利

1996年西安市西郊陝棉十廠唐墓出土「唐彩繪天王俑」（上圖）
1981年河南龍門出土「盛唐定遠將軍安菩墓天王俑」（左頁圖）

唐彩繪文武官一對之1

菩薩蒞臨說法。欲色界諸天神,紛紛傳告:

爾時四天王天、三十三天、夜摩天、化樂天、他化自在天、及色界中諸梵天眾,遞相傳告而作是言:今文殊師利菩薩,在兜率天,欲說大法,我等應共往詣其所,為欲聽聞所未聞法,及見種種稀有事故。[22]

四天王天是欲界六天之一,六欲天又有六重,第一重即為四大天王天,居須彌山半腹之一山,名犍陀羅。四大天王為帝釋天的外將,各居山頭東南西北四方。分別為東方持國天王,手持琵琶,守護東勝神洲;南方增長天王,手握寶劍,守護南瞻部洲;西方廣目天王,手纏一龍索,守護兩牛賀洲;北方多聞天王,右手持傘幡,左手捧銀鼠,為古天竺財神,守護北俱羅洲。

四天王隨著佛教經典傳入中國,漢化形象日漸顯著。資料顯示,四大天王現身唐代西安府青龍寺不空三藏後,不空遂供奉他們為寺院的保護神,山門第一進後,多為天王堂,中放彌勒菩薩,旁立四大天王或稱四大金剛。[23] 唐代開始大量塑造這些神像,其鎧甲披掛,

皆遵從唐制武將衣飾裝束造型，許多佛寺的天王立像，除木雕外，漢白玉或銅鎏金的天王像亦不少。而三彩或彩繪天王俑，實脫胎自武士俑的造型，因受佛教護法驅魔影響，腳下皆多踩踏小鬼或怪獸。[24]

然而天王俑最特出的藝術成就在於它的誇張手法。它是外來神，隆鼻寬頰，大眼圓睜，短髭

唐彩繪文武官一對之2

22 《文殊師利所說不思議佛境界經》，我採用了唐朝菩提流志的譯本，釋智諭法師撰解，台北，西蓮淨苑，1986，p.65.許多佛教藝術都有「文殊赴會」（包括維摩詰問病）典故。

23 見《中英佛學辭典》*A Dictionary of Chinese Buddhist Terms*, compiled by William Soothill & Lewis Hodous, revised by Shih Sheng-kang et al.佛光出版社印行，1962。The four are said to have appeared to 不空 Amogha in a temple in Hsi-an-fu, some time between 742-6. and in consequence he introduced. their worship to China as guardians of the monasteries, where their images are seen in the hall at the entrance, which is sometimes called the 天王堂 hall of deva-kings"，p.145-146 under天王 entry.

24 敦煌莫高窟第331窟有四大天王壁畫。另45窟有佛陀說法的唐代雕塑，兩側侍立有佛陀弟子、菩薩及兩尊護法天王像，天王基本造型就是腳踏小鬼或怪獸的武將俑。但是需注意的可能是天王形象不止是俗家武士盔甲造型，還有犍陀羅藝術以表達人體的半袒天王雕塑或鎏金神像，see Craig Clunas, *Art in China*, Oxford University Press, 1997, p.98, illus. 45, "Gilt-bronze figure of Buddha Amitabha with attendants, dated 584CE."

峻笑，肌肉賁起，亦胡亦漢，既是天神，也是人傑，似大忿怒，亦似大慈悲。換句話說，這不只是一座擬人化的神，也是一座擬神化的人。1996 年西安西郊陝棉十廠唐墓出土有彩繪天王俑一座，高 80 公分，其身上裝束被描述為：

義大利巴洛克雕塑家帕尼尼（Gianlorenzo Bernini. 1598-1680）的雕塑「聖德肋撒的狂喜」（The Ecstasy of St. Teresa）

頭戴側翻沿軟盔，盔頂飾尾翼上翹孔雀……身著貼金箔明光鎧，兩肩各飾一骨朵，獸頭吐袖，當腰繫條帶，右手握拳抵膝，左手分張如爪，小臂肌肉隆起，甲衣下緣貼飾金箔，內著袍，兩側袍裾提於膝上，足穿高勒軟靴，踏於蹲臥鬼怪身。[25]

這種神人合一的外表，極其壯偉。再觀其架勢，左手並非如上述分張如爪，而是原來手執兵器，日久器腐，盪然無存，故而被看作左手如爪。另外，如果加以描述，應該可以加以下一段：

雙膝以下分縛護脛吊腿軟甲，左足踏地，右足屈膝踹踩腳下小鬼，身軀微向右傾，好像全身力度，均是鎮壓足下不勝負荷的小鬼。

這種力動的勇猛誇張氣勢，是天王俑引人注目的特徵，也是對靜態寶相莊嚴、寧靜澹淡菩薩佛像雕塑藝術的反傳統。它讓人想起歐洲文藝復興後崛起的巴洛克（baroque），標榜著唯美風格中一種故意、不規則、扭曲詭異而令人意想不到的驚奇風格，用以對抗文藝復興的高雅古典。[26] 而天王俑可以說是動態式醜陋暴烈的力美，臻達並結合了從侍奉者到保護者的寫實形象及發展主題。

晚唐彩繪武將墓石

---

25 見註11，p.117。

26 除建築及繪畫外，最明顯例子就是義大利巴洛克雕塑家帕尼尼（Gianlorenzo Bernini. 1598-1680）的雕塑「聖德肋撒的狂喜」（The Ecstasy of St. Teresa），描述聖女接受聖靈降臨，有天使手持金矛，戳刺入她的心臟。

尋找趙佗
廣州西漢南越王墓

一、南越王國

　　西元前 221 年，秦始皇滅六國，平定中原，就只北方匈奴數十萬大軍撟捷勇猛、騎射皆精，來往如閃電，一日夜就可馳抵關中，需在邊境駐重兵防守。但國勢驃壯，已有餘力用兵征討國內其他偏遠地區，於是發兵五十萬前來南方平定百越之地。

　　嶺南越族歷史悠久，地靠海隅，自足自給。史前部落式的政治型態一直保留，未若中原諸國，已自宗族分支（lineage segmentation）擴散至各地，自立為國。越族經常仍用部落聯盟方式互相傾軋殘殺，未成氣候，亦未做成有如北方胡人對中原的威脅。

　　到了春秋戰國，周王朝中央集權頹弱，群雄四起，合縱連橫，互相討伐，百越坐大，更一度組成越國與吳國爭霸、臥薪嘗膽，一度大會諸侯於徐州，寫下輝煌的吳越春秋，但終被鄰接的楚國所滅。

　　百足之蟲，散居百粵諸地的越族，分散聚結成西甌（廣西西江）、雒越（雒又稱駱，廣西、貴州、越南紅河三角洲）、東甌（南粵廣東）、閩越（福建南部）等支族（《史記》〈東越列傳〉內提及越王勾踐後代分別有「閩越王」無諸及「越東海王」搖，搖助漢滅秦，封稱「東甌王」），兵力韌強，自成氣候。秦始皇兩次御駕北巡東巡，尤其第二次東巡直至湘陰、長沙等地，可算得靠近粵嶺邊緣，其不容越族臥榻在旁之心，昭然若揭。

　　及至始皇三十三年（西元前 214）前後四年，秦出兵多次攻打百越，終於由都尉任囂、趙佗帶領的水陸將士攻陷越族領土，統一嶺南，將越地分別設置為郡縣。三郡分別為南海、桂林、象郡。桂林、象郡都在當今廣西，其中以南海郡最大，為當今廣東省大部分，內設番禺縣、龍川縣、博羅縣、揭陽縣。並

西漢南越王墓博物館館前,就在廣州市區解放北路。

在番禺築城為郡治,成為政治、經濟、貿易中心。任囂為南海郡尉,趙佗為龍
川縣令。

《史記》〈南越列傳〉內有以下一段:

南越王尉佗者,真定人也,姓趙氏。秦時已並天下,略定楊越,置桂林、
南海、象郡,以謫徙民,與越雜處十三歲。佗,秦時用為南海龍川令。至
二世時,南海尉任囂病且死,召龍川令趙佗語曰:「聞陳勝等作亂,秦為
無道,天下苦之,項羽、劉季、陳勝、吳廣等州郡各共興軍聚眾,虎爭
天下,中國擾亂,未知所安,豪傑畔秦相立。南海僻遠,吾恐盜兵侵地至
此,吾欲興兵絕新道,自備,待諸侯變,會病甚。且番禺負山險,阻南
海,東西數千里,頗有中國人相輔,此亦一州之主也,可以立國。郡中長
吏無足與言者,故召公告之。」即被佗書,行南海尉事。囂死,佗即移檄
告橫浦、陽山、湟谿關曰:「盜兵且至,急絕道聚兵自守!」因稍以法誅
秦所置長吏,以其黨為假守。秦已破滅,佗即擊併桂林、象郡,自立為南

越武王。高帝已定天下，為中國勞苦，故釋佗弗誅。漢十一年，遣陸賈因立佗為南越王，與剖符通使，和集百越，毋為南邊患害，與長沙接境。

司馬遷在這段文獻說出了極關鍵的幾件史事，更指出趙佗為南越王的由來。據太史公說，秦二世時，天下無道，群雄並起，陳勝、李廣、項羽、劉邦虎爭天下。身為趙佗上司的南海尉任囂因病將死，恐亂兵爭地，殃及南越，遂封鎖南越的關卡道路。但因自己病危，無法自保，遂命趙佗為南海尉，並

蟠虎鈕陰刻篆文玉「帝印」（上三圖）

暗示他擁兵自立——「且番禺負山險，阻南海，東西數千里，頗有中國人相輔，此亦一州之主也，可以立國。」

趙佗聽畢，心領神會，任囂一死，盜兵未至，立即便絕秦關道，「移檄告橫浦、陽山、湟谿關曰：『盜兵且至，急絕道聚兵自守！』」斷絕了秦軍南下的通道。其實他防範南越當地其他秦吏兵將，多過什麼賊兵來犯。及至秦亡，又即「擊併桂林、象郡，自立為南越武王。」定都於番禺。

漢高祖初定天下，外憂內患，外有匈奴「控弦之士三十餘萬」，內有諸侯反叛，不想用兵，所以也未必就像《史記》內所謂的「為中國勞苦，故釋佗弗誅」，放趙佗一馬，再遣陸賈為使節，冊封趙佗為南越王，是不想大動干戈。

到呂后時，趙佗又與漢中央衝突。呂后遣兵討伐，卻兵敗未能逾嶺入越，而讓趙佗稱帝長達四年之久。一直到漢文帝即位，重派陸賈為使，以懷柔外交政策，威迫利誘，讓趙佗去帝位稱臣歸漢。雖然趙佗及後人仍陽奉陰違——「然南越其居國竊如故號名，其使天子，稱王朝命如諸侯」，一直到漢武帝元鼎六年，遣派伏波將軍路博德、樓船將軍楊僕前往征伐南越王國，將其滅絕為止。

南越王國經歷五世君主、凡九十三年而亡。

「趙眜」玉印（上三圖）

二、南越王墓的金銀器

1983 年 6 月，廣州市建築工人開挖公寓樓房地基，挖觸到一座墓室的墓頂大型蓋石板。專家立刻前往查勘，知悉為西漢初年的大型古墓。經國務院批准進行挖掘，於同年 8 月動工到 10 月完成結束，出土有三印證明墓主身份，此三印即黃金蟠龍鈕陰刻小篆的「文帝行璽」印、螭虎鈕陰刻篆文「帝印」的玉

印及「趙眜」玉印。屆此已可確認為此墓室為西漢南越國君趙佗之孫、第二代南越王僭稱「文帝」的趙眜之墓。

據云「文帝行璽」印出土時，金印印面溝槽及印台四壁都有碰撞和使用過的痕跡，顯然它是墓主生前使用的印章。「文帝行璽金印」是目前考古發現最大的一枚西漢金印，秦漢的帝璽都是白玉，以螭虎圖案為印鈕，印面尺寸為2.7-2.8 公分之間，「文帝行璽金印」打破了帝璽規制，反映了南越王僭越稱帝的野心企圖。

另又有二枚黃金印極為珍貴，一為「泰子」金印，泰子即太子，「泰」與太陽的「太」字古音通。應為趙眜父親之印。另一為龜鈕印文篆刻「右夫人璽」，漢朝以右為尊，右夫人即南越王眾妃之首。此墓東側室為四位妃子殉葬之寢室，各人自配帶印章以辨身份。右夫人趙藍，身即配帶此黃金龜鈕印文篆刻的「右夫人璽」。西漢時期早用陶俑以代生人或牲畜殉葬，然南越王墓仍行生人陪葬之陋俗，四位妃子外，另陪殉有掌管宮廷事務的宦官、樂師、庖廚隸役、御車馬夫及近衛，加上牛、羊、豬三牲口，極為殘酷。

黃金螭龍鈕陰刻小篆的「文帝行璽」印。即是第二代南越王僭稱「文帝」的趙眜。趙佗本人稱南越武帝。

龜鈕印文篆刻「右夫人璽」，漢朝以右為尊，右夫人即南越王眾妃之首。

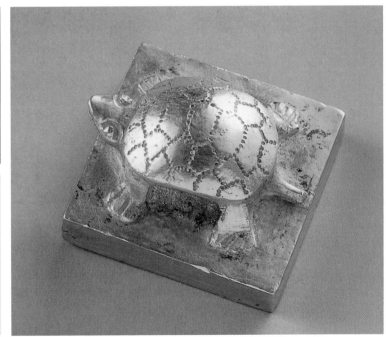

「泰子」金印。泰子即太子，「泰」與太陽的「太」字古音通。應為趙眜父親之印。（上三圖）

金銀器中除黃金印章外，其他器物如杏型金葉、金花泡、身蓋相合呈扁球型的波斯銀盒，均顯示南越國工藝成熟，貼金、鎏金、錯金、錯銀製作精巧，製法包括鑄壓、錘鏷、抽絲、焊接、鑲嵌等工藝，技法純熟，不落痕跡，有若天成，美麗絕倫。

南越王墓中出土帶鉤共 36 件。其中銅帶鉤 24 件，銀帶鉤 7 件，金帶鉤 1 件，玉帶鉤 4 件。金銀錯帶鉤中，尚有稀見以北斗七星作圖案的「七星紋銀帶鉤」，通體作蟠龍型，鉤尾分叉，鉤身飾七星紋，鉤首彎曲如北斗杓子，臉上雙目亦人亦龍，極其怪異巧思。

又有嵌寶石「鎏金銀帶鉤」，通體鑲嵌寶石，惜均已脫落流失，鉤身之高浮雕（high relief）極為精緻，又因鎏金遍體，有若披上一襲金色衣裳，金光燦爛奪目，為帶鉤極品。

「七星紋銀帶鉤」，通體作蟠龍型，鉤尾分叉，鉤身飾七星紋，鉤首彎曲如北斗杓子。（上圖） 波斯銀盒（下圖）

另又用青玉縷雕成玉龍與一隻金質虎頭帶鉤合成的「黃金虎頭銜玉龍金帶鉤」，虎頭在鉤尾，上有「王」字，如人中君，獸中王，極其得體。

三、出土玉器

南越王墓出土玉器及青銅器最精美，許多器物造型工藝至今仍為仿古玉器買賣的「模範」仿製，尤其有玉璧之王之稱的「青玉蟠螭獸面紋玉璧」。其壁直徑 33.4 公分，

「鎏金銀帶鉤」，通體鑲嵌寶石，惜均已脫落流失，鉤身之高浮雕極為精緻，又因鎏金遍體，有若披上一襲金色衣裳，金光燦爛奪目，為帶鉤極品。（上二圖）

金花泡

杏形金葉

有玉璧之王之稱的「青玉蟠螭獸面紋玉璧」。其璧直徑33.4公分，出土時置於墓主棺槨頭部位置，碩大厚實，為漢璧中完整而最大者。

出土時置於墓主棺槨頭部位置，碩大厚實，為漢璧中完整而最大者。紋飾共分三區，內外區為蟠螭獸面捲連紋，中區遍置乳釘菱格。外區獸面雙眼帶角如饕餮，內區三大獸面分三式彼此迥異，風格與中原不同，極有地方色彩。

另一塊鎮館之寶的玉器為「透雕龍鳳紋重環玉珮」，直徑 10.6 公分。出土時置於墓主右眼位置，青白玉雕成。玉佩分內外兩圈，內圈透雕一隻漢代屬龍種的辟邪獸，故以龍稱。外圈透雕一隻張喙鳳鳥，鳳冠和長尾羽上下均伸展成捲流雲紋，極富流線動感。鳳鳥凝眸與獸龍對望，中間隔著小圓內圈。龍鳳和鳴，吉祥如意，妙音天籟，美玉無語，一切盡在不言中。此玉佩雕鏤工湛，巧思和合，主副分明，是漢玉中難得的藝術精品中之精品。亦是當今仿古玉器買

「透雕龍鳳紋重環玉珮」，直徑10.6公分。出土時置於墓主右眼位置，青白玉雕成。玉珮分內外兩圈，內圈透雕一隻漢代屬龍種的辟邪獸，故以龍稱。外圈透雕一隻張喙鳳鳥，鳳冠和長尾羽上下均伸展成捲流雲紋，極富流線動感。此珮被西漢南越王博物館選為該館的館徽。

「錯金銘文銅虎節」，是一塊調動兵馬的信符。這塊虎節用青銅鑄成扁平板的老虎形狀，蹲踞欲撲，虎口微張有若咆哮低沉，尾部彎圈狀迴紋，有若怒鬥捲尾。虎身炳蔚斑斕，紋飾用六十片金箔片鑲嵌錯成，虎正面有錯金銘文「王今命車徒」五字。

賣的倣造最多的「模範」，難怪它的器形圖案被西漢南越王博物館選為該館的館徽。

「青銅承盤高足承露玉杯」全器用玉、金、銀、銅、木五種材料組合，由高足青玉杯套在花瓣型的玉托架上，分別由三條青銅游龍咬住玉托，呈三龍拱杯之勢。工藝精巧、造型奇特。秦漢時期迷信神仙不死藥，認為飲長夜甘露、服丹藥玉屑可以長生不死。南越王墓中出土有五色藥石，這件青銅承盤的「高足承露玉杯」，可能是南越王生前用來承聚甘露飲用的杯子。

西漢南越王墓出土器物有一千餘件，玉器佔 1/5，可謂美不勝收。然青銅器亦不稍遜。

「青銅承盤高足承露玉杯」全器用玉、金、銀、銅、木五種材料組合，由高足青玉杯套在花瓣型的玉托架上，分別由三條青銅游龍咬住玉托，呈三龍拱杯之勢。

四、青銅器及其他

金色斑爛的「錯金銘文銅虎節」，是一塊調動兵馬的信符。這塊虎節用青銅鑄成扁平板的老虎形狀，蹲踞欲撲，虎口微張有若咆哮低沉，尾部彎圈狀迴紋，有若怒鬥捲尾。虎身炳蔚斑爛，紋飾用 60 片金箔片鑲嵌錯成，虎正面有錯金銘文「王今命車徒」五字，即是持此虎符可以調動車馬。節即王頒下用作代命的符令，持此如見王，所以稱為「錯金銘文銅虎節」。從文字、紋飾工藝方面看出與楚文化有直接間關係。春秋戰國，越為楚滅，楚風所及，自是當然。

西漢南越王墓出土銅鏡多為大型銅鏡，風格介乎於戰國鏡與漢鏡之間，但較近戰國鏡，想是楚地影響。其中最大一面彩繪貴人觀鬥劍連弧鏡，屬漢鏡。使用顏料有白色及青綠色。圖畫右側為兩人跨步弓腰擊劍，左側後面有數人旁觀。直徑達 42 公分，為當今最大漢代圓鏡。

尚有鑲嵌金銀錯及綠松石玉石的乳丁掛鏡，綬帶尚存。這是一面複合鏡，由鏡面鏡托兩部分組合而成。鏡面和背分別鑄造，再用黏合劑合在一起。鏡背用鎏金、錯金銀及鑲嵌綠松石裝飾。

另外還有夔鳳連弧鏡（有一面為右夫人的陪葬鏡）、六山鏡、蟠螭鏡。其特徵為戰國弦型鈕座（fluted knob）或是漢渾圓鈕座，見證了戰國入漢的工藝演變風格。

夔鳳連弧鏡（此面為右夫人的陪葬鏡）（上圖）
戰國六山紋銅鏡（中圖）
「彩繪貴人觀鬥劍連弧鏡」，屬漢鏡。使用顏料有白色及青綠色。圖畫右側為兩人跨步弓腰擊劍，左側後面有數人旁觀。直徑達42公分，為當今最大漢代圓鏡。（下圖）

銅鑒本是用來盛水照面梳洗的器皿，亦名鑑。由於銅鏡大量生產，取代了水面觀照功能，便成為專門盛放用水或沐浴的器具，甚至有時用來放置食物。出土時鑒裡面發現有雞、牛、猪、魚、龜等動物的殘骸，當然用來作陪葬品亦有可能，鑒本為水器，多用作盛水取用。墓中出土銅鑒工藝精細，用脫臘法鑄造。其中一件具吳越地區風格「吳王夫差鑑」的特徵，反映了這時期與吳地的大量文化影響交流。

陶器有大型「長樂宮器陶罐」，肩部刻有「長樂宮器」的方戳印。長樂宮本屬漢宮名，漢長安城內便有長樂、未央等宮殿，為帝與后妃居所。然亦可見南越王國亦步亦趨，模倣漢宮體制的心態。罐有印花紋，卻是戰國陶器風格。

五、南越國宮與御苑遺址

隨著 1983 年西漢南越王墓出土文物的整理，1995 年考古工作者又開始在廣州市中山四路一帶尋找到南越國宮署及它的御（苑）花園遺址，南越國宮署遺址，位於廣州市老城區中心的中山四、中山五和北京路一帶。

此銅鑒工藝精細，用脫臘法鑄造。具吳越地區風格「吳王夫差鑑」的特徵，反映了這時期與吳地的大量文化影響交流。

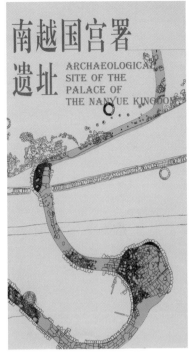

南越國時期的大型石構水池遺迹，1997年在水池以南的原文化局大院內，清理出一段南越國保存基本完整的曲流石渠。（左圖）

「長樂宮器陶罐」，肩部刻有「長樂宮器」的方戳印。長樂宮本屬漢宮名，漢長安城內便有長樂、未央等宮殿，為帝與后妃居所。然亦可見南越王國亦步亦趨，模仿漢宮體制的心態。（右上圖與下圖）

1995 年忠佑大街城隍廟以西的一個建築工地內，意外發現了南越國時期的大型石構水池遺迹，1997 年在水池以南的原文化局大院內，清理出一段南越國保存基本完整的曲流石渠。發掘至 2005 年底，面積已達 11300 平方公尺，不僅包括南越宮苑，還有歷朝在上面興建的遺跡遺物。其中最讓人注目的是南越王宮御苑遺跡。

1995、1997 年進行兩次考古發掘，發現南越國宮署御苑中的大型石構水池砌築講究，池壁為斜坡，用砂岩石板呈密縫冰裂紋狀鋪砌，與西方古建築手法相似。曲流石渠則蜿蜒曲折長愈 150 公尺，兩壁用砂岩石塊砌築，渠底用砂岩石板，再鋪灰黑色河卵石及黃白色的大河卵石。曲渠至東南端突然低下 1.5 公尺，形成一個彎月形水池。這些宮殿園林水景構建精巧，排水系統規模宏大，有明、暗渠、地漏與沙井箱等。魏晉未臨，已有曲水流觴之妙，如此雅緻的御苑園林水景，為南方最早的花園宮苑實例。由此可知，趙佗及其子孫，南面稱王，未真算得是開國之君，然亦非僅一介武夫之流也。

雪滿弓刀
刀與弓在中國兵器與
文化的演變

一、刀篇

　　中國人是最早把鐵鍛煉成鋼的民族，《吳越春秋》記載那些帶有「龜文漫理」花紋削鐵如泥的寶劍，就是已混滲有鋼質的銅劍[1]。所謂百煉鋼，在秦漢時期，便已有把熟鐵反覆敲打，千錘百鍊得來的鋼質。

　　到了西漢末年冶煉技術有了突破，生鐵在高溫下可以「炒」成熟鐵。過程是將生鐵加熱成半液體及半固體狀態，再進行攪拌，利用空氣或鐵礦粉的氧，進行脫碳，獲取熟鐵。熟鐵加熱到攝氏 1000 度左右，碳成份便開始滲入熟鐵表層。只要在這表層千錘百煉，讓表層碳份均勻溶入熟鐵組織而成精鋼，或西方所稱的「碳鋼」（carbon steel）。

漢代黃金環首鋼鐵長劍　大都會博物館藏

文獻有載，1974 年山東蒼山縣出土有漢安帝永初六年（112 AD）的「三十煉」環首（柄尾有圓環）鋼刀，全長 111.5 公分，刀身寬 3 公分，上銘刻有「永初六年五月丙午造卅煉大刀吉羊宜子孫」十八字，「羊」與「祥」字通[2]。

漢代環首鋼刀本來就是新興以生鐵炒鋼，反覆折疊（三十煉就定折疊 15 次）鍛打，取代青銅劍的格鬥兵器，刀體細長，缺護手格，直脊直刃，刀柄和刀身連接而無太大尺寸分別。柄多用木片兩邊夾上，再纏以繩緱。刀為單刃，背厚重，宜驃騎砍劈。

由此可知，百煉鋼技術一旦應用在造刀上，刀的質素陡然提升，鋒利堅硬。到了東漢末，環首刀或長鋼劍便已取代青銅劍，成為基型武器，一直流傳入隋唐。1978 年江蘇銅山縣徐州一座小型漢磚墓室內，又發現了一把漢章帝建初二年（77 AD）的「五十煉」鋼劍，經鑒定都是以炒鋼為原料，多次反覆加熱折疊（20 多層）鍛打而成[3]。因而可以斷定到了漢朝，就像陶瓷取代銅器一樣，鐵兵器也完全取代秦前的青銅兵器了。

據說西方的歐洲，用炒鋼來冶煉熟銅的技術，要到 18 世紀中葉才出現，比中國要晚一千九百多年，說不定還是蒙古人遠征歐洲時傳入的。

製鋼技術到了魏晉南北朝，又在「灌鋼法」上取得新的突破。那就是利用生鐵碳高、熟鐵碳低的冶金原理，把溶化的生鐵灌到熟鐵裡面，使碳份達到要

---

1 《吳越春秋》卷四〈闔閭內傳〉內載，吳王闔閭命劍匠干將作劍兩枚。「干將作劍，採五山之鐵精，六合之金英。候天伺地，陰陽同光……」，五山六合的金鐵，即五種金屬精華的金、銀、銅、鐵、鉛，但依然「金鐵之精不銷淪流」，就是不熔化為流質之意。於是干將的妻子莫耶「乃斷髮剪爪，投於爐中。使童女童男三百人鼓橐裝炭，金鐵乃濡，遂以成劍」。

《越絕書》卷11內載，歐冶子鑄有名劍五柄，分別為湛盧、純鈞、勝邪、魚腸、巨闕，越王勾踐把其中兩把拿出來，給所謂「相劍者」（看劍專家）薛燭觀看，先看巨闕，再看純鈞，薛燭給後者的評語是：「揚其華，捽如芙蓉始出；觀其釽，爛如列星之行；觀其光，渾渾如水之溢於塘；觀其斷，巖巖如瑣石；觀其才，煥煥如冰釋，此所謂純鈞也。」這些泛閃的異光花紋，削鐵如泥的名劍，都已蘊含精鋼質地。

其實春秋戰國對鐵礦開探與煉冶發展已非常重視，《管子》〈地數篇〉內有記述如何根據礦苗尋找到礦──「上有丹沙者，下有黃金；上有慈石者，下有銅金；上有陵石者，下有鉛、錫、赤銅；上有赭者，下有鐵。此山之見榮者也。」榮，就是礦苗露頭。慈石，就是磁鐵礦。銅金，就是黃銅或黃銅礦。礦床露頭，常因礦物種類不同顏色各異。鐵礦赭赤，銅礦藍綠。本段資料引自《中國文明史話》，台北木鐸（翻版），1983，p.95。

2 《中國冶金史論文集》，北京鋼鐵學院，1986，pp143-146。此處轉引自劉雲彩，《中國冶金史話》台灣商務，1994，p.85。

3 同上，p.85。

求成份而成為鋼。晉朝張協在〈七命〉內云：「乃煉乃爍，萬辟千灌」；南朝人陶弘景指出：「鋼鐵是雜煉生、鍒作刀鐮者」（《重修政和經史證類備用本草》卷4〈金石部〉），都在顯示灌鋼技術的萌芽與發展，因為炒鐵時，如果炒得過火，含碳量太低，就要加入一些生鐵來補救。灌鋼就是把生鐵熔化灌注到熟鐵料中，使生鐵中的碳分以較快速度滲入熟鐵，再反覆鍛打，使其成分均勻，煉得品質較好的鋼。到了東魏、北齊之交，信州刺史綦母懷文，曾用灌鋼法做成了一柄「宿鐵刀」。《北史》〈綦母懷文傳〉內曾記載製作過程：「其法，燒生鐵精以重柔鋌，數宿則成鋼。以柔鐵為刀脊，浴以五牲之溺，淬以五牲之脂，斬甲過三十札。」

刀的鋒利可以砍破三十層冑甲！雖說早期冑甲多為犀皮龜甲所製，但能破三十重，真是世所未有的鋒利。

惟可堪比較的鎧甲是到了元朝，有渾源人宋威，善製「蹄筋翎根鎧」，獻上給成吉思汗，大汗親自用箭射之，不能透，大喜，賞宋以金符，更授以順天、安平、懷州、河南、陽平諸路工匠總管之職。從宋到元，我們一方面看到蒙古人對工匠的重視，另外也看到以子之矛，攻子之盾的哲學，刀刃越鋒利，防禦的鎧甲也就越堅固。

至於「燒生鐵精以重柔鋌」，就是前面所說的鑄鐵脫碳，把生鐵精反覆炒煉的新式灌鋼技術。「生鐵精」就是生鐵，「柔鋌」是熟鐵。先把含高碳的生鐵溶化澆灌到熟鐵上，使碳滲入熟鐵。「重」，就是增加熟鐵的含碳量，然後分別用牲畜的尿和凝脂淬火成鋼。牲口的尿含有鹽份，用它來作淬火冷卻介質，冷卻速度比水快。淬火後的鋼較用水淬火的鋼來得堅硬，但假如用牲口的脂肪來冷卻淬火，冷卻速度卻會比水慢，淬火出來的鋼會比用水淬火的鋼來得柔軟。因此，「灌鋼法」在「坩堝煉鋼法」的煉爐發明出來之前，應是一項先進的煉鋼技術。不止刀劍，中國其他兵器發展，都與時代政治社會有關。從動亂不安的春秋戰國到內戰連綿的魏晉南北朝，時代越亂，武器改良越進步。從秦入漢，本已一統天下，承平安定，然北方夷狄屢犯邊界，漢朝兵力，均常被牽動用在長城以北。其實當初西北涼州等地早已漢夷交雜，弓馬兵器制式也相互影響。

到了隋唐，天下大致昇平，除了隋末入唐一段烽火，在統一中國的大業裡，隋朝雖然短短三十八年，但結合南北長江與黃河流域的文化、經濟、交通

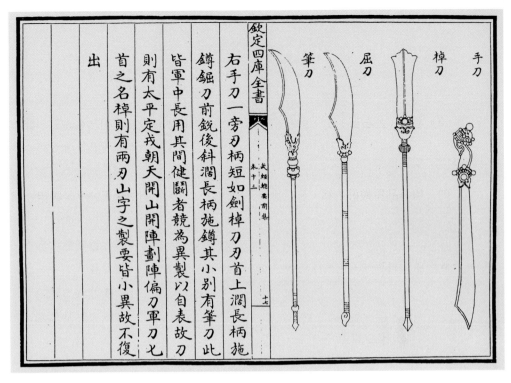

《武經總要》 軍刀刀種

和科技，卻有極大拓展與貢獻。唐朝李淵父子武功鼎盛，但也把文治潛質發展入高度的管理制度。手工業方面，《唐六典》內便有記載，官府工匠皆需接受工藝技術訓練，時間長短不同。金、銀、銅、鐵等金屬的鑄鏤鏨錯需時四年，刀槊兩年，矢鏃一年。

　　從殘唐五代十國的割據，到宋明元分別的一統，民生動盪。南宋末年更是戰禍連綿，外族的契丹、黨項、女真分別建立了遼、夏、金王朝。雖說北宋有一段穩定時期，但無足以掩飾後期的進守失據。因此，宋朝在兵器方面大放異采，不止火藥火器形色之多，難以盡述，兵書也特多，但多為政治學及戰爭學方面的闡釋發揮。《宋史》〈藝文誌〉列兵書 347 部，共計 1956 卷，其中最著名的就是曾公亮的《武經總要》。書前集第 13 卷之〈器圖〉內繪製有本朝兵器圖形，單刀及長刀已被列為軍中標準武器，共四種，分別為手刀、掉刀、屈刀、筆刀[4]。其中亦包括有匕首，但其雙刃，故歸同劍器。其他較有名兵書還有華岳的《翠微北征錄》，內有〈御騎〉〈陷騎〉兩篇談戰車及代替鐵蒺藜

---

4 曾公亮等著 《武經總要》前集13卷《器圖》，（清）文淵閣《四庫全書》本。

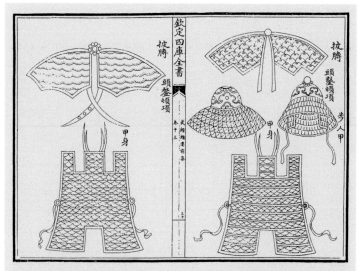

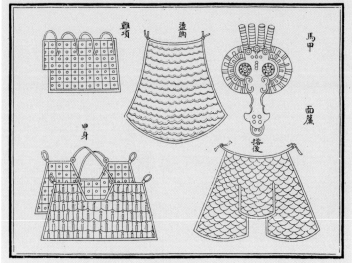

《武經總要》宋代盔甲

的設伏，〈器用小節十有三〉談人及馬的保護盔甲、弓、弩、箭、鎗等。芸芸眾兵器中，華岳先知灼見，獨推先發制人的弓弩第一[5]。

到了明代，刀劍傳統兵器陡然被放在一種轉型狀況。一方面是西洋佛郎機火器的引入，包括火炮及鳥銃，所謂「火石所及，人輒成粉，一砲而虜敵，死數萬，血湧如川。」（鄭若曾《江南經略》），可見其火力之威猛。近身搏殺的刀劍，陡然被放在第二線。但另一方面日本倭寇不斷犯擾沿海各省，其兵刀之鋒利，招數之狠毒，向者披靡。鄭若曾在其《江南經略·兵器總論》內曾指出：「倭寇揮刀若神人，望之輒懼而走。以若曾觀之，其所長者，刀法而已矣……惟倭性好殺，無一家一人不蓄刀者。童而習之，壯而精之。而我堂堂天朝一統之盛，禮陶樂化，偃武已久，民不知兵欸，遇小醜遂若強敵，不知中國武藝不可勝。」[6]

上面這段話有點自欺欺人，以倭刀之強，全部歸諸刀法招數。以中國之弱，誘於「禮陶樂化，偃武已久，民不知兵欸」的中華教化。後者雖有幾分道理，終非全部實情。「中國武藝不可勝」之語，更是一廂情願，不合邏輯。

倒是戚繼光在《紀效新書》內談武藝訓練比較實際，他認為武藝有兩種，

一種是平常武場的閒
耍武功，另一種卻是
在戰場拼命搏鬥的武
功，書〈總敘〉內有
如下對答：

或問曰：平時官府面
前，所用花槍、花
刀、花棍、花叉之
法，可以用於敵否？
子所教，亦有是歟？
光曰：開大陣，對大
敵，比場中較藝、擒捕
小賊不同。堂堂之陣，
千百人列隊而前，勇
者不得先，怯者不得
後。叢鎗戳來，叢鎗戳
去；亂刀砍來，亂殺
還他。只是一齊擁進，
轉手皆難，焉能容得
左右動跳？一人回頭，
大眾同疑。一人轉移

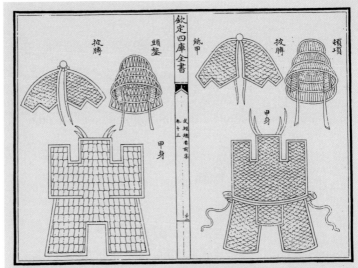
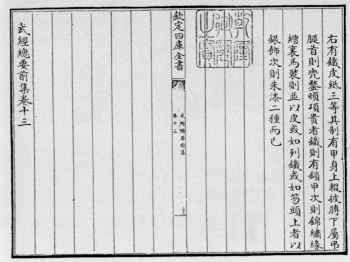

右有鐵皮紙三等共制有甲身上輟披膊下屬弔
腿首則兜鍪頓項貴者鐵則有鎖甲次則錦繡緣
繪裏馬裝則並以皮或如列鐵或如筍頭上者以
銀飾次則朱漆二種而已

《紀效新書》內載宋代盔甲二

寸步，大眾亦要奪心，焉能容得或進或退？平日十分武藝，臨時如用得五分出，亦
可成功。用得八分，天下無敵。未有臨陣用盡平日十分本事，而能從容活潑者也。[7]

5 華岳《翠微北征錄》〈器用小節十有三〉內「弓制」指出「臣聞：軍器三十有六，而弓為稱首。武藝一十有
　八，而弓為第一，其緊切尚矣。」，此處取自《翠微北征錄淺說》，蘭書臣、吳子勇合著，北京解放軍出版
　社，1992，p.233。
6 同注4，《武經總要》前集22卷附行軍須知2卷8冊內，鄭若曾著，《江南經略卷八上》，清文淵閣《四庫全
　書》本。
7 戚繼光，《紀效新書》，台北華聯出版社，1983.

直符送書勢

走馬回頭勢

《紀效新書》卷十二對棍法（本頁圖）

　　這才是識武藝人語。戚氏一直強調單練皆是花俏，只有對練較量[8]，才能在實戰中獲取寶貴經驗及實用招數。

　　因此刀劍到了明末清初，已是傳統刀兵的極至，也是傳統刀兵的開始式微。為了與倭刀抗衡，明清單刀做了很大改進，除了招式改以刀走輕靈的實用招數外，也不再用沉重劈砍的刀身，而以輕巧狹長，向內微彎的堅厚鋼刃來代替。也就是説，日本長短刀器，對明代刀劍的改良影響極大，除了進貢朝廷，明清朝間，中日商人已大批進口日本刀入華。

　　西洋在明朝傳入的紅夷大砲，早已取代了中國傳統的銅鐵炮，再加上手持的長程的佛朗機銃與鳥銃，戰爭模式不變，遠攻成制敵先機，近搏才用到傳統刀劍（雖纓槍一直被視為長矩離的首要長兵器）。單刀方面，雖仍保留有厚背大刀，但亦如戚氏所云，只能用諸個人搏擊武器，不能持以衝鋒陷陣。

---

8 同上，p.176

明清鳥嘴長銃

明代長刃單刀

清代碧鮫鞘單刀

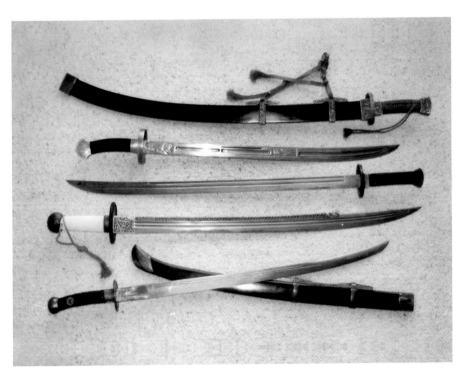

清代貴族鑲金銀長刃單刀

到了清代，軍中腰刀的制式已漸趨統一。此類單刀款式已異於明朝，並為軍官將士及滿洲軍官衛士戈什哈等人所用，可稱官式腰刀。周緯在《中國兵器史稿》內對這類腰刀有很詳細的描述……

其鋼刃有雙槽，下部微曲，尖銳而鋒利，刃之上部近於直形，刃不甚寬，亦不甚厚，蓋近於歐洲之刃制，而脫離日本刀之影響矣。其刀鞘內木質或竹片，外包鯊魚皮，常染綠色，上下銅套挖花，中部近鞘口一段有兩銅箍向外凸出，以受繫腰之絲索；其刀柄作弓曲弧形，曲線頗特別，此為異於先代刀形之特點。柄之上端套銅帽，下端安銅套，中部纏絲索或銅絲索，護手作橢圓扁銅盤形。此種純清代式腰刀，各省官佐一律服用之。[9]

同時異於上類官佐腰刀，尚有清朝皇室瑰麗華美的皇室用刀，刀鞘鑲滿寶石，刃身亦錯金籀文，甚至有白玉刀柄或用黃金鑲鏤柄錘，珠光寶氣，但以兵家而言，此類器械流於夸飾，雖刀刃鋒利，惟刀身沉重不便揮舞，實戰功效甚弱。

明朝神威大將軍鐵炮（上圖）
清代威遠將軍銅炮（下圖）

二、弓篇

鷲翎金僕姑，燕尾繡蝥弧，獨立揚新令，千營共一呼。
林暗草驚風，將軍夜引弓，平明尋白羽，沒在石棱中。
月黑雁飛高，單于夜遁逃，欲將輕騎逐，大雪滿弓刀。
野幕敞瓊筵，羌戎賀勞旋，醉和金甲舞，雷鼓動山川。盧綸〈塞下曲〉四首

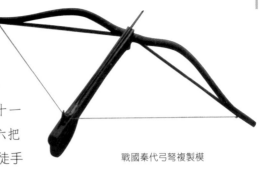

戰國秦代弓弩複製模

十八般兵器武藝中，弓稱第一。明朝謝肇淛《五雜俎》卷五內有載，「十八般：一弓、二弩、三槍、四刀、五劍、六矛、七盾、八斧、九鉞、十戟、十一鞭、十二簡、十三撾、十四殳、十五叉、十六把頭、十七綿繩套索、十八白打。」白打為徒手搏擊，制敵死命，亦算兵器。

弓自遠古即為射遠兵器，歷史悠久。1963年山西朔縣峙峪舊石器晚期遺址內，發現用燧石敲磨造成的石鏃，中國應該是兩萬八千多年前就使用了弓箭。《易經·繫辭》有載「黃帝堯舜作，弦木為弧，剡木為矢。弧矢之利，以威天下。」弧，就是單體弓。矢就是木箭。弓箭的發明上溯至兩萬多年前，不算過份渲染。

可是弓的製造與演進並不單純。從春秋戰國開始改良的複合弓，就包括用幹、角、筋、膠、絲、漆等六種材料合成，所謂「六材既聚，巧者和之」。

9 周緯，《中國兵器史稿》，台北明文書局，1988，3版，p.283。

2002年湖北九連墩出土「戰國漆木矢箙及青銅弩矢」

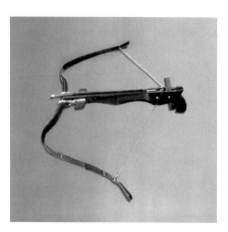

　　所謂單體弓，就是以單一材料如前述
的木或竹身製成。複合弓卻是用竹或木幹做
弓身，再附貼已削薄的牛角骨或其他動物角
片，另外再加上帶有韌性的獸筋（如牛、鹿筋）
及煮煉出來的濃膠。把以上物件通通附上木或竹的弓身
上，用絲線緊纏後，通體塗上黑漆，便成為一把含有六種材料的複
合弓。弓末兩端還需黏上兩塊牛骨或角骨，作倚托掛弦之用，弓弦大都
採用合絲或牛筋。

　　上面這些製法，古代文獻如《考工記》都有詳細記錄，[10] 是書〈上卷〉
內指出，春秋戰國手工業非常發達，齊楚等大國更有把各行業來分門別類。
「國有六職」，包括有王公、士大夫、百工、商旅、農夫和婦工。所謂工匠的
百工，僅次於王公與士大夫，而猶在商農與婦工之上，可見寵遇渥優。而官府
手工業則包括 30 項專門生產部門，它們是「攻木之工七，攻金之工六，攻皮
之工五，攻色之工五，刮磨之工五，摶埴之工二」，廣泛牽涉及運輸、兵器、
容器、玉器、皮革、染色及建築等生產工具。每一項目之下更有精細分工，譬
如造車輛運輸叫「車人」，造車輪叫「輪人」（《莊子‧天道篇》有「斲輪老
手」之喻），而製造弓或箭的就叫「弓人」或「矢人」了。

　　「矢人」中又再分另一類專門製造供田獵用的殺矢，這類人叫「冶氏」，
以別於專造戰爭弓矢的「矢人」[11]。

　　弓與箭是一套合成武器，缺一不可。因此
隨著弓的進步，箭尖的頭，而所謂的鏃，也隨
著石器時代的石骨進展入銅鐵，商代開始已有
非常鋒利的銅鏃。箭桿多用木、竹或籐，因為
是主桿，材料要非常堅韌。箭尾上用作穩定飛
翔的箭羽，則用飛禽羽毛。據《天工開物》
稱，鵰膀翎為上、角鷹為次、鴟鷂再次，最差
是鵝雁羽翎，遇風易偏斜竄[12]。

　　因為有專人負責研究製作弓矢，技術進展
快速。弓身材料的杆（桿），選擇就不遜於箭
羽，一共有七種材料作為評鑑，它們的優劣排

漢代弓弩青銅扳機（上圖）
漢代弓弩複製模（下圖）

行分別是柘、檍、桑、橘、木瓜、荊、竹等木材。所以柘樹材質最堅韌，故最佳。竹有彈勁，但易脆折，故最下等。這些木材的評估選擇都是經過許多摸索與體驗，即便選好木材，也要具備材料力學知識去了解弓的射程與耐度，以及弓體的極限。

弓箭完全是一種力與能量的儲備與宣洩，如何以最飽滿的張力，儘情宣洩於一發箭矢，並且準確，正是巧匠的巨大挑戰。

並且準確，那是機械儲備力量後宣洩的最終目的，所以箭羽的材料，除了上述各類飛禽翎羽外，還需利用做好的箭幹來作試驗。矢人為矢，「水之，以辨其陰陽，夾其陰陽，以設其比；夾其比，以設其羽」[13]。那就是把幹放在水裡，看它的浮沉來測量材料質量的分佈，然後在其輕重（陰陽）之間找出它們的平衡點（比），來裝設箭羽。

箭的重心與箭羽的平衡作用非常重要，「前弱則俛，後弱則翔，中弱則紆，中強則揚，羽豐則遲，羽殺則趨」[14]。那就是說，箭的前、中、後的不平衡，都會產生俯俛、上翔、紆迴不定、上揚等現象。如果羽毛太豐，箭射出去的速度便會遲緩，如果羽毛太少，則會產生急躁的擺動。

所有這些材料製作的弓箭均不易保存，譬如用作弓弦的牛或鹿筋早已腐爛，至今存留的古弓多缺弦。時近千年翎羽，當然亦破爛罄盡，殘缺不全。但弓身而言，自明清以降，許多弓弩仍保留在非常完整狀態。

除弓箭外，射手必須配備一個戴在拇指硬質套子，俗稱「扳指」，以保護拇指作扣弦用。這些扳指形狀不一，但大都以圓形戒指為主體模型，分別用象牙、角骨、金屬、玉石、水晶或琉璃製成，如今已成古文物收藏項目。最早的扳指可源溯商朝後期，出土文物顯示該扳指有一內凹刻槽，其寬度剛與

---

10 《考工記》問世於春秋戰國時期，作者不詳，為最早的手工藝專著。秦皇焚書，與《周禮》同遭厄運。西漢重整古籍，二書遂合而為一，重新面世。

11 同上，「五份其金而錫居二，謂之削、殺矢之劑」，「冶氏為殺矢」。

12 宋應星，《天工開物》〈卷下·佳兵〉，「羽以鵰膀為上，角鷹次之，鴟鷂又次之。南方造箭者，鵰無望焉。即鷹鷂亦難得之貨，急用塞數，即以雁翎，甚至鵝翎，亦為之矢。凡鵰翎箭行疾過鷹鷂翎，十餘步而端正，能抗風吹，北虜箭多出此料。鷹鷂翎作法精工，亦恍惚焉。若鵝雁之質，則釋放之時，手不應心，而遇風斜竄者多矣。南箭不及北，由此分也。」

13 見註10，〈矢人〉。

14 同上。

弦齊，扣弦剛好弦入槽中，向後扳張時不易漏脫。

因為用弓的人體質與血氣各異[15]，自周代始便分上、中、下三型官制。上弓長 6 尺 6 寸、中弓 6 尺 3 寸、下弓 6 尺。近年出土文物檢定，戰國至漢，一寸相當於今之 2.31 到 2.35 公分。

弓的大小，還需看弓的張力，張力越大，越難拉弓，穿越力也越強。前面「刀篇」曾提及刀鏑的鋒利，可以砍破三十層冑甲。《左傳·晉楚鄢陵之役》也記錄了神箭手養由基的力氣與箭術，他不但百步穿楊，在楚晉的戰役裡，他更能一箭射穿七層甲鎧，可見弓力之強。而他的弓術奇準，楚共王被晉將呂錡射中眼睛，遂召養由基來，給他兩枝箭。養由基一箭就射中呂錡頸項，伏在弓袋上死了。養便拿著另一枝箭回去向楚王覆命。及至楚軍兵敗山倒，也是養由基連發數箭，箭無虛發，方自穩定陣腳。由此可見弓箭的威力。

所謂強弓，張力多以石斗計。發展到宋代，一石即為當時粳米一斛之重。但宋朝之石與古代之石仍有差別。沈括在《夢溪筆談》指出，當時一石，等於古人三石。宋朝的武卒，挽弓最高可達三石，已等於古人的三十四鈞。一鈞等於三十斤，三十四鈞就是一千多斤，這可算得是體能的巨大突破了[16]。

弓一方面是戰場制敵的殺人利器，但另一方面，由於其技藝牽涉到人類心智與體能配合的訓練，弓藝在古代已被吸納為一種文化活動與標準教育課程。讀書場所如「序」、「庠」，都是習射之地。到了西周，更把射與禮結合，成為一種文武合一的社會禮儀。《禮記·射義》內載：「古者，諸侯之射也，必先行燕禮；卿大夫、士之射也，必先行鄉飲酒之禮。」就可知道古時諸侯與士大夫們，都是藉著射禮來表明上下尊卑的倫理禮儀，包括四種射禮場合——大射、賓射、燕（宴）射、鄉射。都是從天子（大射）到庶民（鄉射）可參與的禮儀[17]。這些射禮場合，無論大、賓、燕、鄉，人們聚在一起，比射賭勝，娛樂成份極高，每二人為一對，彼此三揖示敬，互相禮讓，然後升堂比射；及至比試射畢，又互揖讓下堂，俟眾人射畢，勝方便揖請負方升堂去飲罰酒，所謂「君子無所爭，必也射乎。揖讓而升，下而飲，其爭也君子」。弓箭的活動，禮貌周全，成為一種標準社交儀式。

春秋戰國流傳有關弓矢的故事非常多，可見弓藝之流傳廣遠。除了前述《左傳》內的神箭養由基，他百步射穿柳葉的故事也見諸於《戰國策·西周卷》。另一名神射手列禦寇的故事也見諸《列子》及《莊子》[18]，可見弓藝除

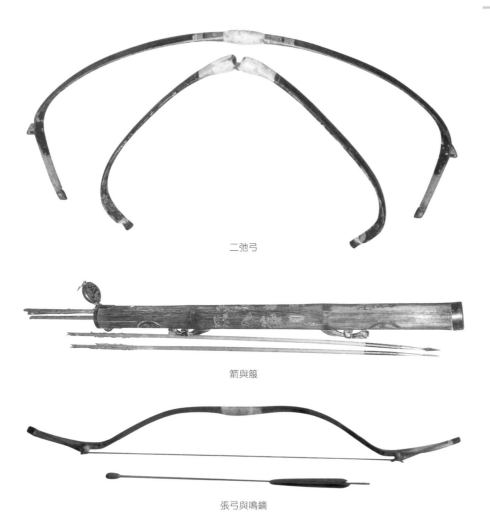

二弛弓

箭與箙

張弓與鳴鏑

15 同上，〈弓人〉，「凡為弓，各因其君之躬志慮血氣。豐肉而短，寬緩以茶，若是者為之危弓，危弓為之安矢。骨直以立，忿埶以奔，若是者為之安弓，安弓為之危矢。其人安，其弓安，其矢安，則莫能以速中，且不深。其人危，其弓危，其矢危，則莫能以願中。」

那就是說，大凡製弓，各依用弓的人的體質與氣質而定。胖矮的人，意念寬緩，動作遲慢，就要給他做一張危急的快弓。這種快弓，還要配安緩的箭。至於剛直不屈、急性火燥的人，就要給他做一張安緩的慢弓。這種慢弓，還要配危急的箭。如果其人慢、其弓慢、其箭慢，就不能速射中的，更不能深陷目標。如果其人急，其弓急，其箭急，就不能穩射中的。

16 「挽蹶弓弩，古人以鈞石率之。今人乃以粳米一斛之重為一石。凡石者，以九十二斤半為法，乃漢秤三百四十一斤也。今之武卒蹶弩，有及九石者，計其力乃古之二十五石。比魏之武卒，人當二人有餘。弓有挽三石者，乃古之三十四鈞。比顏高之弓，人當五人有餘，此皆近歲教養所成。以至擊刺馳射，皆盡夷夏之術，器仗鎧胄，極今古之工巧。武備之盛，前世未有其比。」沈括，《夢溪筆談》〈卷三·辯證一〉。

17 可參閱施隆民，《鄉射禮儀節簡釋》（與吳宏一《鄉飲酒禮儀節簡釋》合併一書），台灣中華書局，1985.

18 見《列子》〈黃帝第二〉；《莊子》外篇〈田子方〉。

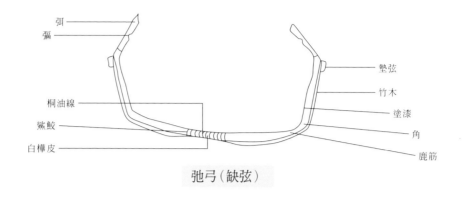

弛弓（缺弦）

弭
彌
墊弦
竹木
桐油線
塗漆
鯊鮫
角
白樺皮
鹿筋

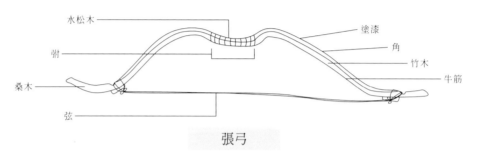

張弓

水松木
塗漆
角
弣
竹木
牛筋
桑木
弦

了基本技術訓練，還已進入一種崇高的精神境界。

列禦寇的故事是這樣的，有一天，列射箭給一個叫「伯昏無人」的人看。他引弓盈滿，尚更可將杯水放在肘上，發出箭後，另一箭已搭在弦上。射出第二箭後，第三箭又已搭在弦上準備射出。這時的列禦寇，看來就像木偶一樣。但伯昏無人說，「這是有心射箭，不是無心射箭。讓我與你登高山、踏危石，身臨百仞深淵，看你能不能射？」

於是無人就登上高山，踏著危石，身臨百仞深淵，而背更略向後傾，腳有 2/3 垂懸在外，然後請列禦寇上來和他一起做。列嚇得伏在地上，汗流到腳跟。伯昏於是對他說：「至人（登峰造極的人）就是要上窺青天，下探黃泉，縱橫八極，神色不變。看你這樣驚恐目眩，那兒還會射中目標呢？」

伯昏無人這種心境寧靜、凝止、入神狀態，正是一個神箭手的必需境界，也就是《莊子．德充符》內，孔子給弟子解說鏡子如心神的意義。夫子說，人不在流動水面去觀照自己，而應在靜止的水面觀照自己（「人莫鑑於流水，而鑑於止水」）。

美國在 20 世紀 60 年代的嬉皮文化中，流傳著一本翻譯自德文的小書，叫《弓藝之禪》（*Zen in the Art of Archery*）[19]。作者何立鵠（Eugen Herrigel）是

一名德籍哲學教授，於 1923 年任教東京帝大，同時接受禪宗訓練。因為一直無法進入狀態，遂投入一名箭術宗師門下學習射箭。第一年宗師僅授調息靜坐之術，連箭都未碰過。第二年授箭術「以澄靜之心把箭射出」。轉眼三年，到了第五年，宗師開始帶弟子們去射靶。靶牌放在 60 英尺外，旁堆沙袋。宗師先射兩箭，皆中靶心。跟著讓他們射，許多箭均射程不足或歪斜射入沙袋。「不要用意念去射，要入神去射」，德國教授聽不懂。「不要用我去射，要忘我去射」，教授還是不懂。因為不用意念、不瞄準、忘我等等，都不能讓他釋疑於技術上如何把箭射中鵠的。

最後宗師命他晚上再來，他依時踐約。師徒兩人無言喝完兩盅茶，然後進入箭房。箭房是光亮的，但遙遠的箭靶卻黑漆難辨。宗師吩咐他點一根小臘燭放在靶前沙堆，光線暗弱，無法分辨。宗師挽弓搭箭先射，連射兩箭。一聽聲音，德國教授就知兩箭皆中靶牌。待他就近一看，不禁倒抽一口涼氣。第一箭射中靶心，第二箭射中第一箭，從第一箭尾部穿入，把它劈開兩片。

宗師向他解釋，第一箭不算什麼，因為多年熟悉靶牌位置，即使漆黑一片也知靶心所在。但第二箭便不一樣，這一箭並非只射中前箭，而是「它射出，

---

19 Eugen Herrigel, *Zen in the Art of Archery*, New York: Random House, 1953.

《紀效新書》內載扳弓〈實握射圖〉（上圖）　馳弓與張弓　張錯繪製（左頁圖）

並擊中目標。」於是德國人終於明白了，原來一個箭手瞄準的不是靶心，而是自己。

　　文武之道，本來就相互影響。由於上述弓藝這種精神的陶冶，間接也把所謂「弓的藝術」帶到軍隊的騎射習慣。早自唐代王璩的《射經》，便溶合了民間與軍隊的射術，所以《武經總要》批評它「多言射之容止，非戰陣所急」。在這方面，弓與刀在歷史發展分享著不同的命運。刀重實戰功能，猶如戚繼光在《紀效新書》強調的「亂刀砍來，亂殺還他。」刀漫長的興盛與式微滄桑裡，它最後的命運，是無奈地套入乾隆御製黃金玉石裝飾的刀鞘。

　　弓卻不同，在熱火器即將取代冷兵器之時，它和同胞兄弟「弩」一直扮演著非常重要的實戰角色。小型弩除了單發弩，還有連續九發的連環弩。大型弩方面，自唐代的「絞車弩」開始，一直發展入到宋明間的「床弩」。那是把兩張大弓結合一起平放在一個「床車」上，成為一張大弩（兩弓開啟如蟬翼，又名大合蟬或小合蟬）。再用粗繩把弩弦扣在絞車上，以轆轤原理把弦絞扣緊，安放巨箭。

　　另一種名「三弓床弩」或「八牛弩」力道更厲害，三張巨弓，前二後一，用七十人之力轉動絞轆扳滿，安裝一枝木幹鐵翎叫「一槍三劍箭」的三色巨箭，可射及三百步之遙。所謂一槍三劍，是指箭有一槍之長度，三劍合刃之棱杆。另外又需三十人扳張，可射二百步的踏橛箭。其粗箭可直射入城牆，陷入過半，攻城兵卒，可藉多箭踩踏木幹鐵翎，扶搖直上，踏登攀昇有如雲梯。由此可知以遠射兵器而言，弓弩的多功能一直被倚賴重視，一直到明嘉靖年間，

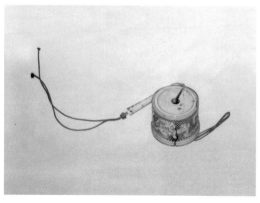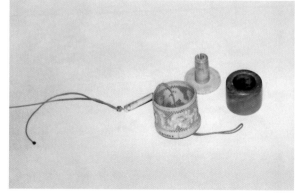

玉扳指配象牙指盒（左圖與右圖）

美國紐約大都會博物館收藏扳指部分

西方發明的燧發鳥嘴長銃等火器進入中國，才稍取代。

但是弓不同刀，在文化層面，除了強調弓術的精神境界外，其機械姿式在搏鬥或遊戲裡（戰爭或狩獵）都是一種美學過程。早自唐代王璩的《射經》，就已強調持弓搭箭的各種動作，以及射箭的姿勢、程序、方法與訣要，臻達一種美學要求。譬如〈總訣〉內，要求引弓時要做到「端身如幹，直臂如枝」，直接用修辭語言的「明喻」來解釋肢體語言。發射時要「目以注之，手以駐之，心以趣之」，也是一種心、手、眼三結合的上乘武學境界。而王璩認為弓術的最高成就，就是整個弓者身心與弓箭間的和諧模式：「矢量其弓，弓量其力，無動容，無作色，和其肢體，調其氣息，一其心志，謂之楷式，知此五者為上德」。

文學上，弓箭也因塞外騎射優秀，帶給中原一種異域風情與豪邁氣息。本篇首引盧綸〈塞外曲〉四闋，金僕姑為箭矢別名，鷲翎金僕姑，就是用鷹鷲翎毛來做箭羽。將軍夜引弓，自然是「馮唐易老，李廣難封」夜半入城被拒的李將軍，誤把草間石當作大老虎，引弓勁射，箭沒石棱。

至於大雪之夜，輕騎追逐遁逃的單于，雪滿弓刀，帶來無限的關外想像，更就超越了弓刀原來的兵器定義了。（附註：本稿乃重撰〈桶裡藏刀〉及〈大雪滿弓刀〉兩篇舊稿，並修改、增刪其中若干觀點與敘述。得蒙王秀珍小姐自國家圖書館搜印提供古籍版本，謹此致謝。）

風格定器物
卷二 陶瓷卷

風格定器物

陶瓷卷 卷二

青峰綠成碧玉
從越窯到龍泉

一、青的傳統

　　猶如文學史的唐詩宋詞一樣，中國陶瓷史大都以分期斷代方式進行。也就是說，從新石器彩陶開始，陶瓷發展按著歷史朝代軌跡前進。這種方法，對處理漢唐以後，尤其進入宋明具有特徵風格的窯址，如定、汝、官、哥、鈞等窯器，十分恰當，甚至獨樹一幟的磁州或吉州窯，亦可同樣處理。

　　但是宏觀看來，釉料突破，以及技術性溫度提升由陶入瓷，特別是青瓷成功面世，有似女神維納斯誕生，代表陶瓷一種特殊的色彩系列。16 世紀，龍泉窯自江浙沿海商埠循海上絲路，直趨歐洲，以青的顏色征服西方，風靡一時。Celadon 一詞在法國正式產生它的岐義，

漢魏越窯雞首提壺

它本是 17 世紀法國劇作家 Honore d'Urfe（1568-1625）一齣流行舞台劇 *L'Astree*（1610）內，女主角 Astree 迷戀身穿淡青色衣裳牧羊童的名字。就於此時，中國青瓷進入巴黎，成為時尚，巴黎人遂以 Celadon 親暱稱之，備見厚愛。

青的傳統在中國服飾所受歡迎，亦不稍遜西方。早在漢代，《鹽鐵論》內「散不足第二十九」有載，「玄黃雜青，五色繡衣」就是指人們穿著黑、黃及青色錯雜相配顏色衣裳。至於青色器皿，懂陶瓷的人都知道，漢綠軟釉陶器至今仍是收藏家喜愛項目，福建廣東兩省仿製不絕，無論綠釉陶犬，罐或三足穀倉，買家依然不絕如縷。

西晉越窯四繫鋪首罐

漢晉時期，青、褐兩色陶器為主要大類，除上述技術性的釉料及溫度突破，整個社會階層喜愛應用亦有相關。《西京雜記》卷 4 第 98 條〈梁孝王忘憂館時豪七賦〉內記錄有鄒陽「酒賦」一篇，以誇張鋪陳手法述說天下各類名酒，亦描述了盛酒酒罈。除了以酒喻人「清者為酒，濁者為醴，清者聖明，濁者頑騃」外，並提到釀酒時間為春到秋，為了不使春風侵入釀酒器物讓酒變酸，所以要密封起來。等到一切就緒後：

流光醳醳，甘滋泥泥，
醪釀既成，綠瓷既啟。

那就是説，等到酒色光澤清澄流動，酒味甘甜香美，醇酪已經釀好，那就是開啟綠色瓷罈封口的時候了。文中又提到關中有一種叫「白薄」的酒，顏色清碧，酒液濃稠，酒性凜冽，可以讓人酩醉「千日一醒」。

試想一下，碧綠的酒瀁漾在青色的瓷罈裡，光澤流動，酒香四溢，主客兩觀條件配合的聯想呈現，是如何動人及深具説服力。這種取向和後來陸羽《茶經》內獨賞越窯青瓷是一致的，所謂南青北白，邢不如越。此是後話，按下不提。

但是唐宋對青色傳統偏愛亦非常明顯。如前所述，早在漢晉時期，流行澹淡無為的人生哲理，民間衣服主色為青綠。《漢書》卷 10〈成帝紀〉永始四年條內載「青綠民所常服，且勿止。師古曰然，則禁紅紫之屬」。這種傾向一直維持入唐宋，甚至成為官吏服飾流行顏色。唐詩內青衫之句無數，出名例子當是白居易〈琵琶行〉裡最後兩行：「座中泣下誰最多，江州司馬青衫濕」。白居易應是喜著青色衣裳的詩人，在無數作品裡，青衫之句不勝枚舉，譬如：

醉送李二十常侍赴鎮浙東

靖安客舍花枝下，共脫青衫典濁醪。今日洛橋還醉別，金杯翻汙麒麟袍。喧闐鳳駕君脂轄，酩酊離筵我藉糟。好去商山紫芝伴，珊瑚鞭動馬頭高。

潯陽春三題　春去

一從澤畔為遷客，兩度江頭送暮春。白髮更添今日鬢，青衫不改去年身。百川未有迴流水，一老終無卻少人。四十六時三月盡，送春爭得不殷勤。

二、千峰翠色

所謂千峰翠色，自是指唐代陸龜蒙詠讚越窯青瓷「九秋風露越窯開，奪得千峰翠色來」詩句。其實越窯在唐代青瓷最大意義，除釉料及胎質進步，應是風格塑造與形成。許多研究指出早在漢魏六朝，浙江餘姚上虞一帶已生產青瓷。三國時期孫吳及西晉，統轄地區包括有江蘇、浙江、福建、江西、湖南北等省份，這些地區已能燒製出各具特色的青色瓷器，故稱越窯。

越窯到中唐已設有專官進行督選監製，具備官窯進貢條件，由於品質與技術基本要求，間接穩定了因大量生產而難以控制良莠不齊的質素弊病。如此優秀藝術傳統，在唐代高度發展的政治、社會經濟與文化背景下，凝聚了工匠智慧去突破提升，這是越窯能夠獨具一格基本條件。

唐朝銅禁甚嚴，許多日常生活銅製器皿，如罐盆碗盞壺瓶等，遂轉型入陶瓷製作。到了晚唐，這類手工業蓬勃發展，更進一步承襲許多貴族金銀器皿造型風格，使越窯進入一種細緻典雅境界。

政治社會方面，隋唐帝國的統一和秦漢帝國統一不同，後者在周初便已在黃河長江流域之間互相征伐討戰，自然而然將不同部落集結成以漢族領導為首的民族共同體。前者卻是中國北部及西北部民族，趁漢末三國分裂，乘機進逼，做成五胡亂華，更在東晉以後，與自中原遷徙入江南的漢民族對峙成南北朝凡百餘年。隋唐帝國的統一，代表著中國多元種族同化的另一個新出發點，在以後近三百年的帝國，多元種族與漢族文化不斷接觸融會，彼此吸收調和，其內涵豐厚無比。最明顯就是西漢由中央亞細亞貿易通商所帶入的佛教文化影響，到隋煬帝時與西域諸國更是通商繁盛，唐代西域商人留華不計其數，入華陸路海路均有，沿海商埠則以交州、廣州、明州、揚州所謂四大港口等埠最為有名。交州就在當今越南，明州是寧波，再加上紹興、泉州、鎮江等地，都是越窯生產貿易點線，工藝水平最高。今天在日本、韓國、東南亞、印度、伊朗、埃及等地出土唐瓷多以越窯青瓷為多，和隋唐帝國經濟貿易有極大關係。

另一方面，國際貿易市場由西域轉向亞洲東南一帶，是一個值得注意現象。尤其是商業人口南移，海路快捷運輸取代了波折橫生的陸路，是主要因素。試舉廣州一地外商為例，即有十餘萬之多。梁啟超在《中國歷史研究法》內曾云：

九世紀時，阿剌伯人所著「中國見聞錄」中一節云：「有廣府（Confu）者，為商船薈萃地。紀元 264 年（此回教曆）叛賊黃巢陷廣府（黃巢攻陷廣州之事，據桑原氏考證，在乾符五年，即公元 878 年）殺回耶教徒及猶太波斯人等十二萬！其後有五朝爭立之亂，貿易中絕。」

桑原氏即日本學者桑原騭藏，著有《中國阿剌伯海上交通史》一書。黃巢

殺人數百萬，在廣州竟有十餘萬胡賈被害，可見當時外國商人在華之眾。當然貿易項目不止瓷器或茶葉絲綢，然越窯青瓷為其中一大類，殆無疑問。

然而越窯之普受歡迎，與它本身藝術成就有絕對關係。也就是說，自漢晉開始的青瓷，始終在火候、釉料、胎質上無法進展，留下淡黃、微褐帶青綠厚重的瓷器。唐代越窯則成就非凡，胎質細緻，釉色均勻，手感渾厚溫潤，色感青綠明亮，有如千山疊翠。這種青色成長，所謂如冰似玉，早已具備後期龍泉窯碧玉潛質。

而且更配合唐人飲茶傳統，越窯碗盞設計新穎，除敞口或撇口淺腹平底碗，以及足底有如圓璧的玉璧碗外，還有荷花、荷葉、海棠、葵形等花瓣口碗，造型自然美麗，釉質細膩淡素。利用青色茶碗配合碧綠茶色，怪不得唐朝詩人讚不絕口。孟郊有「蒙茗玉花盡，越甌荷葉空」詩句，明顯就是指荷葉茶碗，唐人稱這種內外施滿青釉，敞口滿腹斜收，圓形玉璧底座的茶盞為「甌」。

陸羽也把越窯評為首選，當時茶具以青瓷或白瓷為主，越產青瓷，邢產白瓷。《茶經》內如此品評：「邢瓷類銀，越窯類玉，邢不如越一也。若邢瓷類雪，則越瓷類冰，邢不如越二也。邢瓷白而茶色丹，越瓷青而茶色綠，邢不如越三也。」雖是飲茶主觀之論，然亦有它的美學評價。

但是越窯翠色的巔峰成就在於祕色瓷。所謂祕色，人言言殊，大概是指殊難一見的稀有青色。那種有如橄欖的碧綠草色，也就是陸龜蒙在〈祕色越器〉詩中的千峰翠色。對祕色越器造型色澤描寫，還有殘唐五代詩人徐夤〈貢餘祕色茶盞〉詩內的前四句：

　　捩翠融青瑞色新，陶成先得貢吾君
　　巧剜明月染春水，輕施薄冰盛綠雲

所謂貢餘，就是指入宋後，五代吳越國尚未投降，由錢鏐創建的歷代國君，利用唐代已設在明州慈溪縣上林湖的貢窯燒製技術，繼續向宋廷進貢瓷器。這種供奉青瓷在許多歷史文獻內均載為「秘色瓷器」，現今最具代表性有在陝西扶風縣法門寺地宮出土的 14 件。地宮同時有兩塊石碑，其中一塊為監送使刻製的「衣物帳」碑（全名為「應從重真寺真身供養道具及恩賜金銀器物

西晉越窯獅型燭台（上圖）　唐越窯唾壺（下圖）

寶函等並新恩賜金銀寶器衣物
帳」），內登記有唐懿、僖二
宗及皇室眷屬內臣等人供奉的
金銀寶器及青瓷器物，明顯稱
這些瓷器為「祕色瓷」。內有
八棱淨水瓶和荷花碗 5 件，不
在「衣物帳」祕色瓷單內。八
棱淨水瓶的形制釉色，長頸豐
肩，鼓腹淺圈足，通體凸出八
道棱痕，肩頸箍有三道弦狀紋
飾，晶瑩如玉，溫潤郁翠，所
有特徵，均確屬秘色瓷無疑。
只因當日出土時未與其他祕色

瓷器一起置放，工作人員遂另立名目登記處理，其實當時瓶內裝有五色佛珠
29 顆，瓶口另放有一大珠覆蓋，因而具有宗教聖物意義，另行置放，遂引起
考古人員誤會。

三、綠成碧玉

呼應著本文前面主張青瓷為特殊色彩系列的論調，龍泉窯在宋室南渡後的
一枝獨秀，其歷史與地理因素影響極大。

北宋自立國以來，國力富強，一振唐末以來，中樞腐化、藩鎮專橫、民亂
四起的積弊（以寶物供奉入法門寺的唐僖宗，就飽經長達十年〔875-884〕黃
巢之亂）。尤其宋太祖、太宗高度掌攬兵權，國勢穩
固、經濟穩定、民生穩安，才能在汴京開封人口過百
萬的京城，有《東京夢華錄》如此錦繡繁華記述。

二百多年宋朝陶瓷歷史裡，不但突破唐代南青
北白的格局，北方官窯場如宮、汝、鈞皆能燒出
汁水瑩潤的青瓷。當然這些名窯有著個別風格，
例如：官窯開片，銀絲鐵線。汝窯天藍初晴，釉
料中瑪瑙石粉細末，呈現有星光閃閃，其天青瓷
的粉青、豆青、蔥綠更碧綠秀麗，淡粧淺抹，如
夢如幻；明朝高濂在其《遵生八牋》內描述為：汁水
瑩潤如堆脂，然汁中棕眼隱若蟹爪，由於小型三
叉支釘撐燒，遍體施釉，更有「底有芝麻細小錚
針」之句。鈞窯亦本屬青瓷系列，因巧妙加上多
種氧化金屬礦物釉料，造成絢艷如藍天夕陽落霞
酩醉的紫紅窯變。

既然擁有豐厚技術資源，宋室南遷，大批北
方陶瓷巧匠來到江南，自然產生巨大衝擊。本在
河南寶豐縣清涼寺的汝窯就是明顯例子，到了臨
安府杭州，「修內司」及「郊壇下」兩座官窯就燒
出非常高質量的相類汝器。

龍泉梅子青帶蓋梅瓶　明　徐展堂藏（左上圖）　龍泉梅子青阿拉伯字青盤　明（右上圖）
梅子青蓮瓣碗　南宋（下圖）　鳳耳瓶　南宋後期（左頁圖）

　　因此浙江省西南部龍泉縣，以及附近慶元、雲和、麗水、武義、江山等縣
崛起的龍泉青瓷亦不例外，它代表著從北宋發展入南宋青瓷系的巔峰成就，同
時更因沿海商埠貿易外銷，從所謂海上陶瓷絲路自東南亞直趨歐洲，一直到明
朝實施海禁方稍歇。因此許多學者極力強調：龍泉窯始於南宋臨安。

龍泉豆青葡萄紋盤　元　土耳其托卡普皇宮藏

　　其實始於臨安的重要意義，不在於地理，而在於北方巧匠技術資源流入南方，揉合吸取江浙一帶自漢魏到隋唐留下的越窯青瓷傳統，青出於藍而成龍泉。從胚胎與釉料兩方面的改革來看，釉料成功突破，自含鈣量高的石灰釉轉入氧化鉀／氧化鈣的石灰鹼釉，多次施釉後，濃稠厚層釉料在高溫中可以燒出青瑩如碧玉的龍泉瓷（如溫度控制適宜，鈣可析出石晶體而產生一層乳光效果）。至於胚料，把瓷石混合在蘊含高量氧化鋁及氧化鐵的紫金土而成胚胎（也經常在燒成後產生「紫口鐵足」效果，惜此類真品面世極少，存世多為灰白胎料），便能燒出輕盈堅薄的龍泉，尤其花口碗盞端莊幽雅，素淡清逸，一反唐朝絢綺華麗，猶如碧玉天成，極討宋人飲食歡心。雖然茗茶由唐入宋後，建窯黑瓷系列異軍突起，兔毫油滴、玳瑁鷓鴣，琳琅滿目，滿足飲茶及鬥茶需要，與龍泉青瓷可謂各領風騷。

龍泉粉青蓮瓣杯　宋　　　　　　　　　　龍泉粉青荷葉蓋罐　元

龍泉豆青荷葉堆線蓋罐　元

龍泉窯釉面光澤透明，就以其中主要三色而論──粉青、豆青和梅子青──淺如碧玉而微帶粉藍光澤的粉青，稱為上品，因它遵承汝窯體系，端正雅潔有如君子，我們方才明白，原來龍泉與汝窯，同享這麼巨大的風貌淵源！深若翡翠的豆青，晶瑩透澈，潔淨似冰，溫潤如玉。而梅子青的盛夏青綠，有似濃郁草色入簾而來，而來自有因，同是越窯系統，簡直就是祕色瓷的前世今生。還有所謂蟹青、天青、灰青……，組成一道青色光譜。但是龍泉色澤分類，不過是文人雅士一廂情願，至於所謂粉、豆、梅子三青，除粉青較泛粉藍，豆青力求碧玉溫瑩（清乾隆之豆青葫蘆瓶能燒得晶瑩如凝脂翠玉）為其特性外，其他諸青甚難界分，言人人殊。所以台北故宮博物院一律稱為龍泉青瓷，以免糾纏不清，亦有道理。

　　造型方面，有仿古代銅器如三足鬲爐，風格極為明顯，爐身小型，通體遍透青釉，翠色滋潤，開片後的冰裂更見透明。惟爐足露胎，呈褐灰色。三足矮肥，足內側均有開氣小孔，爐腹之間各有三道凸稜線，直落足端，名為「出筋」，這種設計極出色，有如青筋迸露，頗有銅器風味，配合外捲敞開爐口，

綠釉黑地花卉大碗　清雍正

雙手合捧，轉動觀賞，圓稜相配，手感極佳。

　　另外，由青銅飲器或盛酒器轉為花瓶有喇叭寬口觚尊，筒頸圓腹的觶瓶，均古色古香。另外還有仿古良渚玉器的長型琮式瓶，利用青瓷光澤，呈現出銅器或玉器無法表達的柔和光彩，以及開片效果所差生的透明光澤，流光飛彩，引人遐想。

　　由於青的聯想，最標緻絕色龍泉，還是當時流行的荷花蓮葉類型碗、盞、盤、罐。令人用之有如夏日泛舟荷塘，清風徐來，魚戲蓮葉，一片碧綠世界，清逸脫俗。宋元以來，一系列的蓮瓣洗、雙魚洗、菊瓣紋杯、蓮瓣杯、荷葉碗、海棠花口碗、五瓣「河濱遺範」或「金玉滿堂」銘印盤（傳說舜曾「陶於河濱」）、荷葉蓋大罐等，早已成為龍泉經典之作。

青瓷龍紋暗花瓶　清康熙

四、結語

　　由此看來，青的傳統證明在藝術史的處理方法裡，大可不必以朝代劃分，雖然朝代文化社會對藝術成品有決定性作用。然而時間可以成為歷史，卻並不能創造歷史。反而藝術史源流與風格，極像文學史的文類分屬（generic classification），是一種整體的宏觀發展，並不能以一朝一代或片窯隻瓦所能涵蓋。如果歷史學家有「大歷史」，同樣文化藝術亦可有「大文化」（macro-culture）或「大藝術」（macro-arts）。證諸青瓷系列，從千峰翠色綠成晶瑩碧玉，其中青色傳統的相互影響，藕斷絲連，卻又非什麼祕色或龍泉所能一言以蔽之了。

龍泉粉青舟型硯滴　元

兔毫、油滴與鷓鴣
宋代黑釉茶盞藝術

一、

　　從歷史背景而言，北南兩宋歷十八帝，由西元 960-1280 年，前後三百二十年。自殘唐五代十國藩鎮割據分裂，到宋太祖趙匡胤定都汴京（河南開封），一統天下，展開了前所未有的民間社會繁榮。宋代政治，設四京府，分別為東京開封府、西京洛陽府（河南洛陽）、北京大名府（河北大名）、南京應天府（河南商邱）。東京開封為首都京城，人文薈萃，歌舞昇平。孟元老《東京夢華錄》一書序言，便是對京城內繁華生活的一種甜美追憶，那時的開封府：

褐釉定窯兔毫建盞　北宋　密歇根大學博物館藏

太平日久，人物繁
阜。垂髫之童，但
習鼓舞；斑白之
老，不識干戈。時
節相次，各有觀
賞。燈宵月夕，雪
際花時，乞巧登
高，教池遊苑。舉
目則青樓畫閣，繡
戶珠簾，雕車競駐
於天街，寶馬爭馳
於御路，金翠耀
目，羅綺飄香。新
聲巧笑於柳陌花
衢，按管調弦於茶
坊酒肆。

至於城內各類茶
坊，有做買賣的，也有
讓人憩息喫茶。卷2〈潘
樓東街巷〉載：

黑釉油滴建碗　北宋　密歇根大學博物館藏（上圖）
黑釉油滴建碗　遼金　日本京都龍光院藏（下圖）

又東十字大街曰「從行裏角」，茶坊每五更點燈，博易買賣衣服圖畫，花
環領抹之類，至曉即散，謂之鬼市子……又投東則舊曹門街，北山子茶
坊，內有仙洞仙橋，仕女往往夜遊喫茶於彼。

南宋於1127年與金人議和，以臨安（浙江杭州）為都，取得苟安，然而
昇平局面繼續如舊。茶館酒肆提供了聚會享樂之用。吳自牧《夢梁錄》描述的
杭州茶館，有所謂「花茶坊」，樓下喫茶，樓上為妓女脂粉場所，夕有吵鬧，
君子不宜。但另外純喫茶地方則有：

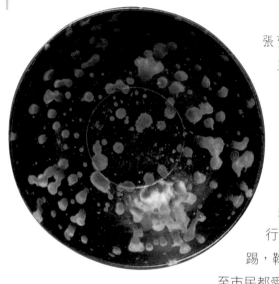

張賣麵店隔壁黃尖嘴蹴球茶坊，又中瓦內王媽媽家茶肆，名一窟鬼茶坊，大街車兒茶肆，蔣檢閱茶肆，皆士大夫期朋約友會聚之處。

不要小覷以上一小段文字，卻也道出宋代民間消娛活動種種風貌。黃尖嘴的茶坊叫蹴球，就是指宋代最流行的「蹴鞠」球戲。蹴（音促）就是踐踢，鞠就是球。這種足球運動上至皇帝，下至市民都愛踢玩。〈宋太祖蹴鞠圖〉就是描述趙匡胤和弟弟臣子們六人一起玩的踢球遊戲。這個黃尖嘴開的茶坊雖不一定與蹴球活動有關，但以此為名，足見當日球戲之流行及飲茶者喜愛心理。王媽媽家的茶肆叫「一窟鬼茶坊」就更令人拍案叫絕了，因為如果這茶肆不是說話人講故事的地方（說話多在瓦舍內的勾欄），便一定是歡迎那些對話本有好感的茶客。宋人愛聽鬼故事，那時最流行的靈怪小說，除〈碾玉觀音〉外，便是〈西山一窟鬼〉。

二、

《東京夢華錄》及《夢梁錄》（另尚有灌圃耐得翁記述北宋的《都城紀勝》）內所載宋代社會種種繁華，皆是市民階層及中產階級興起徵兆。江南一帶，農業及茶桑副業興盛富庶，各類手工業及其他商業發達。也因宋代飲茶、鬥茶風氣極盛，與茶具密不可分的陶瓷工業，更承前啟後，進入另一輝煌局面。這種輝煌，代表著兩個主要原因：

第一，經濟繁榮使本來官營的手工業推展入民營手工業。本來官方有著非常嚴謹而龐大的「作坊」制度，操縱著工匠及生產製作，包括陶瓷業。自從中產階級興起，帶來大批市民文娛活動及需求，許多民間巧手工匠應運而生，尤其日常生活用品的陶瓷，民間巧匠工坊形成，一面代表滿足消費者要求，其實另一面也代表藝術解放與提升。一向被視為低於官窯一等的民窯，如今脫胎換骨，自有一番蓬勃氣象，譬如為宋徽宗所喜好的建窯兔毫茶盞，更上一層樓，成為貢品進入大內。

巧匠巧思，就是智慧財產，除了不容侵占冒用，還代表藝術尊嚴。唐朝長沙窯的釉下彩小罐，便常有「卞家小口，天下第一」等題字，當時「字號」有如今天「名牌」（name brand），代表著一種品質保證。名家製作大多留名，宋代青白瓷的盒子底部，便常印有「蔡家盒子」、「許家盒子」，正如湖州專造青銅素鏡的石家念二叔，鏡背便鑄有姓名店址的「真煉青銅照子」。

第二，造成中產階級興起主要原因為經濟，尤以南宋自經金人進逼，自北退卻入南方海岸。政區頓減，歲入有限，發展海上貿易作為財經窗口實為

褐釉兔毫碗　北宋　密歇根大學博物館藏（上圖）
玳瑁茶盞（左頁上圖）　建窯黑釉鷓鴣斑紋盞　宋代　日本東京靜嘉堂文庫美術館藏（左頁下圖）

當務之急。因而沿海地區發展最為蓬勃。就浙江一帶以溫州為出口港的龍泉窯、哥窯等青瓷，以及福建沿海（宋末元初，泉州為全國最大出口商港）的建窯陶瓷而言，成就驕人，從而也帶動全國商埠海港出口貿易。所謂「海上絲路」，證諸今日東南亞及中東直趨歐洲等城市出土陶瓷，所言不虛。宋朝以青瓷（celadon）一項，已經大批生產出口，帶動全國經濟脈動，上至官府，中至商人，下至工匠，均蒙受巨大經濟利益。

當年唐人好茶，常用紅色茶磚輾碎，再配以薑、薄荷、桔子皮或棗子等調料煎煮，煮出來的茶常帶一種淡紅，配上淺色陶瓷茶具，極具美麗色感。後來改用茶葉，配用浙江餘姚越窯青瓷，翠綠相映，有如湖水山色，煞是好看。陸龜蒙所謂「九秋風露越窯開，奪得千峰翠色來」，就是指青瓷的絕世姿色。

到了宋代，在浙西南山區也燒出了毫不遜色的龍泉窯。雖然在質地細緻方面，未能與名列五大名窯，晶瑩翠綠，溫潤如玉，「汁水瑩厚如堆脂」的汝窯相比，但也有名貴的梅子青釉及粉青釉，顏色明澈青碧，端莊秀麗，為茶家普遍使用，與江西景德鎮燒出所謂「色白花青」，白裡透青的青白瓷異曲同工。

其實青瓷早在漢代，已由含有氧化鐵或鉛的胚土，由低溫（攝氏 700-800度）燒成綠陶器，跟著快速發展入高溫釉的青瓷階段。如果含鐵量增加，便入褐醬，經過不斷改良窯爐的結構，高溫恆可達千度以上。入宋後對各類釉料礦質的認識和成功操縱，更可燒出不同程度，千變萬化的窯變顏色。宋代瓷器能由青瓷進入黑釉藝境，不止是合理歷史演進，其實與青釉、醬釉、黑釉三種釉藥呈色原理有關。據研究指出，這三種釉色都以氧化鐵為呈色劑，只不過彼此成份不同及在不同溫度下，加上不同的助溶劑。青瓷釉含鐵量最低，褐醬稍高，黑釉最高，達百分之十。所以我們可以這樣說，黑釉瓷是由青瓷一路演變而來的。

三、

由於飲茶進入精緻文化提升，黑釉茶盞碗的出現，其實亦代表宋代知識分子與飲茶的密切關係。飲茶進展入宋代，文人已飲用一種半發酵白茶膏餅，先把膏餅碾成細末放入茶碗，再沏以初沸開水，水面便浮露一層白色泡沫。所謂「湯色」，就是沸湯（水）及茶拂擊敲茶碗下所泛現的顏色。名茶種類繁多，

黑釉兔毫碗　北宋　波士頓美術博物館藏（上二圖）

反映製茶業突飛猛進，有名品種如「石乳」、「白乳」或福建建安能仁寺的「石岩白」，都是一時之選。

宋人鬥茶，便以這層白沫為輸贏。純白為上，青白、灰白、黃白等色為次。色白則表示茶質鮮嫩，他色均示火候不足或太過。所以每次泡茶所泛起的「湯花」（泡沫）顏色，必須仔細撥分，才能區別鮮白與翠綠成分而定優劣，有如遊戲，十分有趣。同時更以水痕先退者為負，耐久者為勝，因而宋茶碗口邊內緣，多有一條水線。

曜變天目建碗　日本東京靜嘉堂文庫美術館藏

近代考古更自出土建碗內，發現在口沿下面1.5 至 2 公分處，有一條注湯標準線，沸湯與該線平時，恰好是鬥茶要求湯注滿入盞碗內的 6／10。一旦注灌入碗，湯花隨即泛起，超過這條標準線。湯花泡沫一退，「水痕」就在標準線遺留顯露，這就是鬥茶品評標準之一。

因為茶色尚白，宋人茶具多用建盞，那就是建州窯所燒製的黑釉盞碗。茶白碗黑，格外分明。盞碗特徵為口沿外翻闊開，俗稱敞口。腹壁斜直向下收斂，腹大底小，有如一頂仰天斗笠，所以有時也稱笠碗。黑色建盞的造型設計，除了與茶色黑白分明外，在敞口下面塑成稍凹的碗口，皆是讓人飲用（唇與碗接觸）及捧用（雙手食指伸出圍捧）方便。而碗底收窄，更益增其凝聚的穩固度。這種侈口外敞設計，又以定窯劃花、印花白色茶盞最多。

然定盞覆燒，碗緣帶芒口，瓷質堅薄，所以多鑲鎏金、銀或銅邊圈，又稱烏金，以作保護及裝飾。名貴的建窯黑碗口，也鑲烏金，而且胚胎厚實，釉色豐盈，淋漓欲滴，黑金相映，極為艷亮。

建窯位在福建省建陽縣的水吉鎮，自殘唐五代開燒，歷宋元明清四代不

曜變天目建碗　日本東京靜嘉堂文庫美術館藏

衰。其中尤以黑釉燒成的「兔毫盞」及「油滴盞」最為有名。觀其前者，名為
兔毛，實指其在碗內外，密布短撇如細毛的黃褐色條紋結晶釉，舖陳在黑釉碗
上，有如鐵鏽斑爛。

　　這種以黑地呈現褐釉細條紋結晶，有時亦可燒出油滴、鷓鴣或玳瑁等粒滴
或塊狀花斑窯變。油滴斑的呈現，窯火高溫要求非常嚴格，要在攝氏 1300 度
時，不能過高或低，飽含赤鐵礦質的釉料便會脫氧，形成小氣泡，向上浮升，
再互相集結成一顆顆的較大氣泡。氣泡在高溫破裂，然後凝結成有如油滴般的
銀灰色結晶體小圓斑點，遍佈在黑釉碗上，有如黑夜裡滿天亮晶晶的星星。

　　兔毫、油滴、鷓鴣或玳瑁最讓人愛不釋手是它們釉料豐厚，燒出後垂釉欲
滴，如汗珠、如香涎，令人捧之如抱豐盈娃娃、光滑紮實，無以復加，心滿意
足。用作茶碗，一飲而盡，碗茶兼美，恰到好處。波士頓美術館藏有北宋黑釉

兔毫建窯碗，迥異於一般黃褐釉兔毫，其黝黑底色以褐毛條紋結晶釉順流而下，有若一隻豐碩大黑兔綿密毛色隱含褐墨雜色，唯妙唯肖，為建窯極品。

　　東瀛人趨之若鶩，據聞乃來華求法的日本僧人自建安天目山攜回，世稱天目碗（Temmoku），後來也成為一般建盞通稱。其實福建沒有天目山，天目山橫跨浙江安徽兩省，為香火鼎盛佛教聖地，但當地沒有窯址。所以合理推斷，就是日本僧人在天目山求道時帶回日本的建窯茶碗，或是在中國學得燒取黑釉建盞的天目山僧人，回日本後，倣燒此類建碗而名之謂天目碗。

　　至於日本視為國寶之「曜變天目」碗，亦是建窯一種稀有窯變，黑中泛現紫藍斑塊，有如破曉天色光暈。明朝謝肇淛在其《五雜俎》內有謂：「傳聞初開窯時，必用童男女一人，取活血祭之，故精氣所結，疑為怪耳，近來不用人，故無復曜變」。中國至今尚無曜變天目傳世，日本靜嘉堂文庫美術館之

吉州堆線建窯罐及梅瓶　南宋

曜變天目黑釉茶盞，應為宋代建窯稀品。京都龍光院收藏之油滴天目，亦是金代山西太原懷仁窯之稀世奇珍。

其實，兔毫與油滴，鷓鴣與玳瑁，均是黑釉系列裡不同高溫釉料下燒出的窯變成果。窯址亦不止福建建陽、泉州一帶，譬如江西吉州窯、河北磁州窯、陝西耀州窯，亦燒出大量黑或醬色盞碗或壺罐。吉州更進步創新入剪紙貼花於窯變釉料內，獨步一時。由此可見，民窯之能出色，一方面固是需求及供應，另一方面卻是活潑巧手巧思，不受宮廷格局限制，風格清新，自有莊稼樸實本色。所有黑釉系列均如此，就以流傳的建盞而言，不必盡是烏金鑲邊的「供御」或「進琖」，即使普通盞器，亦能釉色柔潤，格調高雅。

美國收藏黑醬釉陶瓷極豐，除博物館外，民間個人收藏亦令人驚嘆。1995 年底，哈佛大學藝術博物館鑑賞專家毛利（Robert Mowry）多方策畫，集收藏家與博物館所藏，巡迴展出自晉唐迄宋明之黑、醬等釉色陶瓷，琳琅滿目，可惜展區只限哈佛、紐約、威州之陌地生等地。幸而出版有《兔毫、玳瑁及鷓鴣斑》（*Hare's Fur, Tortoiseshell, and Partridge Feathers*）一書，集 112 種展品於一爐，賞心悅目，已為此道經典。

兔毫建碗匣缽（上圖與中圖）
兔毫建碗破片「供御」下款（下圖）

磁州窯異色及「異族滲混」文化探討

廣博磁枕正面（上圖）　廣博磁枕側面（下圖）

猶似文學的浪漫與古典，繪畫的工筆與寫意，官窯與民窯其實並無優劣之分，僅是品味有別。宋代五大名窯氣度恢宏，優雅俊逸，即使絢麗如晚霞滿天的鈞窯，也不狂不野，動中有靜，謹守規範，是官府窯器系列典型的古典主義。

但民間茁起的磁州窯卻獨具野趣，奔放浪漫，工匠個性滿溢流露，表達自然。就似布衣百姓，笑傲王侯，率性而為，樸拙沉著，純熟簡練，信手拈來。那真是最典型的浪漫主義，是陶瓷工藝的一大異數。

磁州窯釉胎比其他瓷器粗糙厚重，色彩單調，在宋代一直被視為民間用器，有似化外之民，難登大雅之堂。此窯不僅宋代古籍並無記載，明代亦少提及。[1]究其原因，仍在於上述雅俗之分。宋代瓷藝，無論釉色及質地，均是陶瓷工藝的大突破與分

酒枕　美國波士頓美術館藏（上圖與右下圖）

水嶺。官瓷釉水亮麗，透明的玻璃釉料，晶瑩欲滴，把瓷器帶入一種純淨淡雅、寧靜古典、精華內斂的精神境界，千金不換。更兼南青北白，無論釉色及製作系列均已定型為典範。例如素白定窯，薄胎輕巧，用作茶具酒器，與建窯、吉州黑釉系列黑白輝映；鈞窯艷麗無雙，用作花盆渣斗；龍泉粉豆梅子三青，青山翠色，層巒碧綠；即使忝陪末席的耀州青瓷，也被酒家食肆爭相採用，招徠食客。

1　一直要到明、清時期，磁州窯才入方家法眼。明代曹昭的《格古要論》內有載，「古磁器，出河南彰德府磁州，好者與定器相似，但無淚痕，亦有劃花、繡花，素者價高於定器，新者不足論也。」清代朱琰的《陶說》卷2內亦仿上説。

磁州窯大放異采，與宋遼金三朝遞變有密切「異族滲混」（hybrid）的文化關係。西夏陶瓷雖具磁州窯風，但靈武磁窯堡出土的低溫黑白釉陶瓷，胎釉方面都遠遜河北磁州窯。

　　東北渤海的契丹人與北宋互動較多，許多漢人工匠自晚唐五代動亂，紛紛流徙入民生穩定的契丹國，帶動渤海本土輕工業的興起。契丹開始由僅自製造鐵器刀兵的遊牧民族，轉型入定態的農畜及手工業社會。積弱無能的大宋一直以貢求和，兩國人民貿易頻繁，宋朝高級工藝品如絲綢紡織、金銀器、陶瓷、漆器輸入遼地極多。

　　及至耶建德光繼位，於 947 年改稱遼，為遼太宗。同年（大同元年），滅後晉，把汴州（河南開封）城內從事手工業的「百工」，全部遷往遼首都上京城。由此可知，陶瓷、紡織等工匠曾大量遷移入北地燕雲十六州。也就是說，遼人每陷宋一地，咸將俘虜自河北、山西一帶的工匠送回遼寧。那不僅是人口的大遷徙，更是手工藝的大移轉。就地理環境而言，中國北方自唐五代始，製瓷業就集中在河北的邢（河北邢台市）、磁（河北磁縣）、定（河北曲陽縣）三州。三州又以定州最北最靠近遼。墓葬出土器物顯示，遼人喜用的瓷器有越窯、定窯、磁州窯、耀州窯及景德鎮窯。[2] 宋代五大名窯匱缺其四，磁州窯與邢白、三彩、定窯同為遼地四大用瓷。

　　及至宋金聯手滅遼，金人覬覦中原，海陵王完顏亮 1153 年把上京首都遷往河北燕京。其實自 1127「靖康之變」到 1153 年遷都燕京的廿餘年間，金人肆意掠奪中原人口財富，陶瓷工匠經常因大宋土地失陷而身羈「金境」，與宋遼時被俘虜往東北渤海如出一轍，其差異只不過是未被移動遷徙而已。河北、河南兩省，正是大宋陶瓷重鎮，由於政治上的陰差陽錯，一時陶瓷工匠雲集於金人鐵馬金戈之地。1164 年宋金議和，磁州被納入金國版圖。許多文物顯示，金朝海陵王完顏亮後的世宗、章宗兩朝（1161-1201），所燒的磁州窯（尤其出自觀台窯址），最為豐盛多姿。磁州瓷在造型、色彩、釉上文字圖畫顯示出無限野趣，也「顛覆」了宋朝皇室官窯古典雅緻的華夏貴族中心。

　　因此，磁州窯在宋遼金三代民間大量生產，衍變改良，風靡一時，不是沒有原因，也不是單純在於貴族百姓間雅俗之別了。

　　所謂磁州窯，是指北宋期間在河北、河南、山西等地燒製的一種民間瓷器。其中又有磁縣一地，故名磁州窯。窯址大都集中在河北省觀台鎮及彭城兩

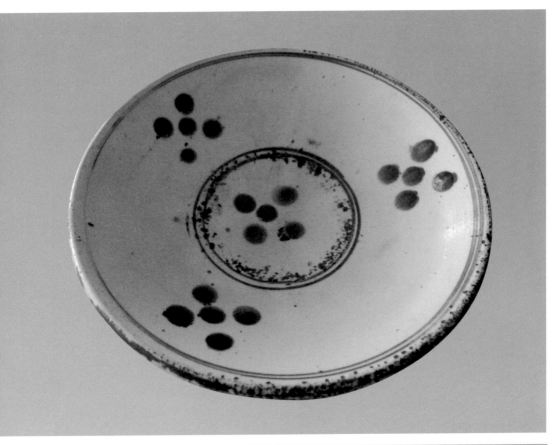

五點梅花磁州小盤　元朝　私人收藏
（上圖與右下圖）

2 李知宴，《中國陶瓷文化史》，
台北：文津出版，1996。書內
指出遼人愛用這幾類瓷器原因有
三：「其一遼的疆域裡的瓷土和
北方瓷土同屬坩土，原料的質地
很大程度上決定瓷器的品質和風
格。其二遼人沒有發達的製瓷手
工業。工匠來源於漢人區域內們
工匠。其三與磁州窯和定窯最接
近，兩窯的藝術品格與遼人的風
俗愛好吻合。」，P.258。

白釉黑花雙鳳圓罐　首都博物館藏

地，北宋時均屬磁州境內。此河南的登封窯、禹縣扒村窯，以及山西的介休窯
都是重要產地。

　　金朝佛教流傳，民間廟宇興建帶來大量陶瓷器物需求，如筒瓦、用作寺廟
屋脊裝飾的人身鳥足的迦棱頻伽、舍利匣、佛、菩薩、天王、力士像等。也讓
磁州窯水漲船高，在民眾階層奠下深厚基礎，廣為流傳。金末到元朝間的磁州
窯本已強弩之末，但出人意料，許多元朝磁器，依然時有佳作，令人驚艷。就
以宋元間的白釉黑花雙鳳圓罐、白地黑釉三爪雲龍菊瓣紋梅瓶、飛龍四繫扁壺
而言，形像生動，剔花、彩釉工藝精細，皆是精品。

飛龍四繫扁壺　元朝　首都博物館藏

　　因此欣賞磁州窯，必須注意它經歷朝代的文化歷史背景，尤其宋金兩朝交
疊的發展期與興盛期。

　　磁州窯器，除碗盤、梅瓶壺罐外，最為人樂道就是磁州枕頭。其實始自
晚唐，民間已流行用瓷枕為睡具，尤其夏日炎熱，瓷枕清涼。磁州窯枕頭除
虎型、貓型等趣味枕外，其他較實用的就以葉型、長方型、八方型及腰圓型
最多。枕上有圖畫或題句，亦雅亦俗，皆能迎合一般市民口味。由於磁州窯
本具創意，枕頭造型時有奇思異趣。現存美國波士頓藝術館（Boston Museum
of Fine Arts）元朝至元二年（1336 AD）的扁圓形白地黑釉菊花酒壺磁枕，竟

磁州嬰戲枕　北京故宮博物院藏（上圖）
磁州詩文枕　北京故宮博物院藏（下圖）

可酒寢兼用，讓人南柯酒醒，聯想無限。該枕除白地黑花外，上更有文字「至元二年四月廿四日李名記枕酒壹斤」，可見原為酒商李名記（店號）所用，以酒壺盛釀，一物二用，佳釀在內，可當壺，酒去壺空，可當枕。[3]

圖畫枕多用嬰戲、馬戲、蹴球或花鳥圖飾，文字枕則秉承唐代長沙窯釉下彩字傳統，手捧賞閱，韻味無窮。譬如「明知空手去，剛惹業隨身」，「有客問浮世，無言指落花」，「眾中少語，無事早歸」。詩詞亦不俗，譬如五言「久夏天難暮，紗櫥正午時；忘機堪晝寢，一枕最幽宜」；或是「鶴來松有節，雲去石無衣；黃金浮世在，白髮故人稀」。[4]七言也有「春前有雨花開早，秋後無霜落葉遲」等對偶句。

磁縣曾出土長方型文字枕，枕上有〈人月圓〉詞一首，宋朝吳激所寫：「南朝千古傷心事，猶唱後庭花。舊時王謝，堂前燕子，飛向誰家？恍然如（一）夢，仙肌勝雪，雲（宮）髻堆鴉，江州司馬，青衫淚濕，同是天涯。」

吳激為建州人（福建建甌），米芾之婿，詩書雙絕，元好問譽為「國朝第一手」，出使金國被羈留塞北異鄉，任翰林侍制，寡歡終日。劉祁《歸潛誌》內載，吳激與另一詞人宇文虛中同在張侍御家會宴，遇一佐酒歌姬，原是宋朝宗室女子，曾嫁與宋徽宗生母陳皇后娘家之人，如今却流落北方淪為歌妓。宴中諸公感慨唏噓，遂分作樂章一闋以記。宇文虛中首作《念奴嬌》，吳激跟著寫下這首《人月圓》。

磁州馬戲枕　北京故宮博物院藏

　　枕底有「張家造」款識戳印，張氏為宋代磁枕最大名家作坊，直至元朝。
此枕雖然筆法拙劣，別字連出，有如頑童戲墨，但配以絕妙好詞，饒富野趣。

3 Wu Tung, *Earth Transformed: Chinese Ceramics in the Museum of Fine Arts, Boston* , Boston: MFA
　　Publications, p.90. 按照該書圖示，枕壺口肩旁書有三行文字「至元二年四月廿四日／李名記枕
　　酒／壹斤」，惟最後三字漫漶不清（尤其最後第三字之「酒」字），我暫推論為「酒壹斤」三
　　字，也就是説該枕壺裝酒一斤，為「李名記」所賣。此點與該書見解不同，該書解讀這三行文
　　字為 "I, Li Ming, hereby record that one pillow was made on the twenty-fourth day of the fourth
　　moon of the second year of the Zhiyuan era"，中文大意就變成有匠手名叫「李名」，在至元二年
　　4月24日，於茲記錄曾做枕一具。」其實「李名記枕」的「記」字不應用來作動詞，應該是店
　　號。因為該壺如枕，故稱枕酒。枕壺如平放，按書內記載為長27.8公分，高12.5公分，看來似
　　僅具枕形，其實是壺。但話又説回來，因為壺身扁平，也可為枕。

4 「鶴來……」五言詩取自河南省禹州扒村窯出土之磁州器，見張金偉、李少穎《鈞台窯》，鄭
　　州：中州古籍出版社，2006，P.59。

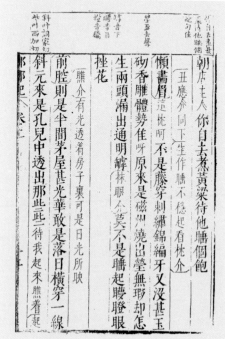

湯顯祖《邯鄲記》〈入夢〉插圖（上圖）
湯顯祖《邯鄲記》〈懶畫眉〉曲調（下圖）

然而磁州窯枕登上文學殿堂，早在沈既濟的唐傳奇〈枕中記〉開首，便有提及得神仙術的呂翁，於邯鄲（就在磁縣北邊）途中，以枕授盧生，作黃梁一夢。明朝湯顯祖的戲曲《邯鄲記》〈懶畫眉〉更提到「這枕呀！不是藤穿刺繡錦編呀，又沒甚玉砌香雕體勢佳呀，原來是磁州燒出瑩無瑕，卻怎生兩頭露出通明罅，莫不是睡起夢瞪眼挫花？」[5]

到了明朝，浙江龍泉、江西景德青白青花等高檔瓷器已成氣候，強弱互見。再加德化白瓷、吉州貼花、宜興紫砂在旁競爭交迫，磁州窯遂以彭城為中心轉型，另設官窯四十餘座專燒貢品入宮，採用青花釉料，身價更上層樓，每年進貢明宮達一萬多件，舟運入京。[6] 這是民間工藝為求生存另一種創造力的發奮圖強，走向精緻境界。但好景不常，群雄並起，新瓷輩出，磁州窯欲振無力，終於式微。

但磁州窯餘風所及，無遠弗屆。自宋代起，磁州窯工匠在北方即因戰亂而流散入江南各地，尤以在江西吉州窯另起爐灶，最為出色，帶給吉州黑釉瓷器無限新意。

磁州窯釉彩的手藝特色，是以白地黑花為典型裝飾代表。花葉相映成趣，花卉為牡丹、蓮、菊最多，更常纏枝（interlacing）或枝葉相捲（foliage scroll）。白地則施用一層白色化妝土（white slip），黑釉並非純黑，而近似褐

赭色，梅瓶或罐最多，也有在瓶外或磁枕上多塗罩一層翠綠釉或孔雀藍釉，稱為綠釉黑花或藍釉黑花，更見異色幽艷。

除彩繪外，還有特別處理的剔花或劃花手法。所謂剔，就是刮削、挑剔之意（西方稱為sgraffito）。白釉褐地剔花即是先在胚胎施一層褐釉。過後加施一層白化妝土，土上畫好圖案花紋，再用小刀工具把花紋以外的白土剔去，露出褐色底胎。然後再加一層透明釉（有厚有薄，厚者如雲石般凝滑肌理，薄者時會冰裂開片），一次燒成白釉褐地花紋圖型。若是一隻褐釉白地剔花梅瓶，則先在胚胎施一層白化妝土（有時用白亮厚釉），過後再施褐色厚釉，畫好花紋圖案，再用小刀剔去花卉以外的褐色厚釉，露出白色底釉顏色。磁州窯剔花工藝獨到，單刀直入，刀鋒清晰，大巧若拙，刀刀明心見性。

黑釉白地剔花梅瓶　美國波士頓美術館藏

---

5 湯顯祖，《邯鄲記》（據北京大學圖書館藏馬氏不登大雅文庫明萬曆刻本影印），北京市：學苑出版社，2003初版，P.61。

6 《磁州志》清朝本內「土產」條內載：「磁器出彭城鎮，置窯燒造，瓮、缶、盆、碗、爐、瓶諸種。有黃、綠、翠、白、黑各色，然質厚而粗，只可供肆店莊農之用」，「彭城滏源里居民，善陶缸罌之屬，舟車絡繹，售於他郡」。此兩段文字取自張子英、張利亞《磁州窯》，天津：人民美術出版社，2003，P.47。

劃花是另一種工藝手法，先在胚胎施一層白化妝土，然後用刀筆在上面刻劃（incised）線條圖象，再在已刻劃好的線條塗抹上顏色粉，再擦掉表面，這樣色粉就附黏在劃線紋上，做成白地劃花。如果要做珍珠地，就在花卉外面的空白底色上，用小圓管口戳按成一個個小圓圈紋，再照前述，在上面加塗抹一層顏色粉，又再擦掉面層，小圓圈紋便成珍珠紋地。最後塗上透明釉，入窯高溫燒造成器。珍珠地本是宋人金銀器飾的一種圖案設計，用來補地再加劃花，竟成為磁州窯風格特色，尤以在梅瓶、磁枕最多，再配花卉鳥獸劃花，極有創意。北京首都博物館藏有大字「齊壽」白釉珍珠地劃菊花腰圓枕，全枕珍珠遍地，劃滿圖型，琳琅滿目。

磁州窯風格自遼代開始便與宋朝重疊滲混，如前所云，河北地區自遼到金，都是逐宋後而越俎代庖，生產磁州窯及定窯，尤其前者，又同時揉合關外民族的草原大漠性格，使民窯風味更為活潑盎然。其中即包括有極具遼瓷風格的革囊壺、穿帶壺，造型模倣自隨身攜帶或繫於馬鞍上的柔軟酒水皮囊，然訴諸堅硬陶瓷，卻線條流暢，維妙維肖，就連革帶、鉚釘、針線也勾勒出來。壺面剔劃刀法，深刻割削，果敢犀利，民族特色，卓然一格，與漢族迥異。遼人馬上得天下，對馬匹配備尤備感情，除革囊外，黃金的契丹鞍與定瓷、蜀錦、端硯齊名，天下第一。遼瓷涵蓋地區廣闊，生產期長，除河北外，也包括在遼寧、內蒙、山西等地窯址。尤其山西渾源一帶，宋瓷更從未紮根，因而此地遼瓷更具純樸磁州風格。

鐵鏽花鳥黑釉彩玉壺春

但是到了金代的磁州窯卻能溶合宋遼風采而自成一家套數，譬如所謂鐵鏽黑釉彩，在黑褐底色上一抹氧化鐵釉呈現的金黃，似繁花，亦像飛鳥，顯得更是寫意抽象，進一步影響南方吉州窯的潑染黑彩藝術。

雖然金代磁窯基調仍是白釉黑花，但文化滲混跡象及認同漢化卻越漸明顯，其中異色就是低溫燒成的釉上紅綠彩。這種磁器異色一洗過去猛峻刀刻與黑白對比的底調，而改在燒好的瓷器上面，用曙紅、花青

等顏料再繪上人物花鳥。雖然筆法野拙，但紅綠對照、鮮艷動人，另有一種異族情調，也是風格的創新嘗試。

　　磁窯因是民間藝術，與民俗傳說、掌故、軼事多有關連。三彩、白地赭彩、白釉劃花等色譜構圖極具磁窯風味，其中尤以在梅瓶或磁枕上繪圖敘述最為顯著。除文字花鳥外，取自人物故事亦多，譬如千里走單騎、蕭何追韓信、王質觀棋爛柯等典故。廣東省博物館藏元代磁枕一具，上繪唐僧師徒西天取經故事，比吳承恩寫的《西遊記》還早了兩百多年。[7] 如此一來，磁州瓷不但具有異族文化滲混的印記，而更另有中國文學古典小說發展的參考意義了。

---

7 同註2，「瓷枕畫面不但有極高的藝術價值，也有很高的文學價值。它比吳承恩寫的小說《西遊記》要早兩個多世紀，畫面顯示，元朝民間流行的神話傳說中孫悟空已由唐時故事中的人變成猴頭人身，手執長棒（金箍棒），豬八戒的嘴巴放大拉長猶如豬嘴，沙和尚不是挑擔而是高舉一面護旗。他們都是青年武士的打扮。與《西遊記》中的描寫有相同之點，也有明顯的不同。此枕對研究其成書過程有重要意義。」P.267-268。

「齊壽」白釉珍珠地劃菊花腰圓枕　首都博物館藏

風格定器物
卷三 繪畫、園林卷

風格定器物
繪畫、園林卷 卷三

五代乎？宋遼乎？
〈秋林群鹿〉及〈丹楓呦鹿圖〉的商榷

秋林群鹿圖　國立故宮博物院藏

一、紀年與畫屏的澄清

　　台北故宮博物院藏秋林麋鹿圖兩軸，分別為〈秋林群鹿〉及〈丹楓呦鹿圖〉（以下簡稱「〈秋鹿圖〉」），筆法高妙，景物怡人。看來是連環畫作，尺寸大小相若，縱長 118.5 公分，橫約 64 公分。前人多定為殘唐五代人所畫，至今存疑。

　　郭若虛《圖畫見聞誌》〈卷六〉內言朝中近事，包括皇朝、孟蜀、江南、大遼、高麗等國總三十二事。內載有大遼國事〈千角鹿圖〉一則如下：

　　皇朝與大遼國馳禮，於今僅七十載，繼好息民之美，曠古未有。慶曆中，其主（號興宗）以五幅緜畫〈千角鹿圖〉為獻，旁題「年、月、日御畫」。上命張圖於太清樓下，召近臣縱觀，次日又敕中闈宣命婦觀之，畢藏於天章閣。[1]

台北故宮前副院長李霖燦先生即根據上條資料，於1983年斷定這兩幅〈秋鹿圖〉就是遼國呈送大宋禮品五幅緙畫〈千角鹿圖〉的兩幅。但是李先生把宋代的慶曆年（1041-1048）誤為西元的 1141-1148，並且解譯白話為：

在我朝（宋仁宗）慶曆年間（1141-1148），遼國的皇帝，號稱為興宗的，拿了上面畫了許多鹿（千角鹿）的五幅「緙」畫送給我們作為禮物……。[2]

郭若虛指的興宗，是遼國（契丹）景福、重熙年間（1031-1055）的遼興宗耶律宗真，也就是説，〈千角鹿圖〉贈宋應為宋仁宗慶曆年中的西元 1041-1048 年。

但後人在解釋〈秋林群鹿〉及〈丹楓呦鹿圖〉二圖

丹楓呦鹿圖　國立故宮博物院藏

1 郭若虛《圖畫見聞誌》〈卷六〉，遼寧教育出版社，2001。此版本為與（唐）張彥遠《歷代名畫記》的合集。
2 李霖燦〈丹楓呦鹿和秋林群鹿圖〉，台北《故宮文物》月刊，1卷2期，1983，5月，p.51。

時，把《圖畫見聞誌》的「慶曆」中，混淆為西元 951-968 遼穆宗的「應歷（曆）」年，頗為混亂。[3]

　　雖然引用「慶曆（曆）」中為西元 951-968 的來源謂出自李霖燦先生文章內引用郭若虛《圖畫見聞誌》的一段，但其實李先生只是把宋代的慶曆年（1041-1048）誤為西元的 1141-1148，並沒有把慶曆年看為西元 951-968 遼穆宗的「應歷」年。而且按照郭若虛《圖畫見聞誌》內的原文一段，「慶曆中」一句的主詞，是呼應前面的大宋「皇朝」，副詞「其主（號興宗）」是指與皇朝馳禮的「大遼國」主。此二句分指兩朝兩主，即是說：在大宋慶曆年間，號興宗的大遼國主送來五幅〈千角鹿圖〉縑畫。

　　郭若虛為北宋山西太原人，生平不詳，僅知他是宋真宗郭皇后的侄孫，仁宗皇弟相王趙允弼女婿，曾任供備庫使、西京左藏使，出使過遼國。他於宋神宗熙寧四年（1071），曾任遼國使節接待官，與遼國副使邢希右縱論書畫。更於熙寧七年（1074）為赴遼賀正旦副使，次年，再出使遼國，因從者遺失金酒器及叛逃，被降官一級。《圖畫見聞誌》6 卷完成於熙寧七年，也就是說，文中所謂「皇朝與大遼國馳禮，於今僅七十載」，也就是說，把神宗熙寧七年（1074）往前推七十年，大宋與大遼兩國馳禮，應就在宋真宗與宋仁宗時期無疑。[4]

　　但問題仍在於〈秋鹿圖〉，是否就是五幅〈千角鹿圖〉內的兩幅？一般連作習慣，首幅多以坡陀起勢，拖尾則有下款題記。而此兩幅均缺起勢題款，李霖燦注意到〈秋鹿圖〉有分割拼接痕跡，認為應屬五幅中間之兩幅，更嘗試「更上層樓想試一試復原原畫和推測此二鹿圖在原畫中的排行位置。」最後歸論「這五幅鹿圖是一張畫，即所謂通景屏，畫可一覽全收，卻分裝成五條立軸，五幅縑正是此意。」[5] 然後指出〈秋林群鹿〉有九隻鹿，以其一五叉角雄鹿為首，〈丹楓呦鹿圖〉有八隻鹿，也是以一隻雄鹿為首領。

　　這是一種危險邏輯，因為至此為止，即使是採用同一質地的雙絲縑絹，也沒有其他客觀具體證據，去連接故宮的兩幅〈秋鹿圖〉，就是《圖畫見聞誌》內遼興宗御筆的〈千角鹿圖〉。

　　西方學者高居翰（James Cahill）亦有注意到屏畫可能，然仍不敢確定，僅

遼墓壁畫〈寄錦圖〉

視為具遼人風格之畫，畫中林葉白色透明厚彩更可能原為一幅完整較大屏風
畫作（parts of a single, much larger composition, perhaps a screen），後再割切裱
為多幅軸圖。五代南唐宮廷的屏風畫就非常多，但現今已無存。高氏同時非
常精警的指出，這兩幅畫風格，中國沒有任何一張畫與它們接近。而能令人
信服的說法（A convincing theory）可能是，它們為遼國契丹人在 10-11 世紀間
控制中國北方及部分蒙古及滿洲地區的作品。高居翰亦提到過出土遼墓慶陵

---

3 陳階晉撰寫，〈五代人丹楓呦鹿圖軸〉，〈五代人秋林群鹿圖軸〉，《故宮書畫菁華特輯》，
　台北，國立故宮博物院，1996，p.66。
4 北宋的宋遼夏三國外交交涉，特別是宋仁宗在位慶曆年間與契丹遼興宗錯綜複雜的關係可參閱
　陶晉生《宋遼關係史研究》一書內第4章〈北宋慶曆改革前後的外交政策〉，台北聯經出版事
　業公司，1985, p.59-95。
5 同註2，p.52。

內的壁畫，認為雖主題接近，然筆法粗拙，可能是此類畫作後期走下坡貶質（debasement），把它們說成 10 世紀作品較為合理（quite reasonable）。[6]

　　高居翰為何會說上面一番話？可能他心中一直存著一個大疑團，然而又不能證實。〈秋鹿圖〉有一種異國風味（there is something foreign in them），他說，但又不能確實鑑定。他只指出秋林色彩花團錦簇、麋鹿異於一般的自然生物描繪，讓人不禁想起近東（Near Eastern）的繪畫。[7]

　　屏風自戰國漢魏已有刺繡及漆繪，但是組合屏風畫自隋唐始，有所謂地屏風或床屏風，多為由三片的中扇及側左右兩扇組成。再往上加則多為雙數的六片或四片，極少有單數的五扇屏風。地上屏風最流行就是六扇，稱為「六曲屏風」，史籍記載很多。[8] 不知是否就回答了秋鹿二圖，並非就是郭若虛提到五幅〈千角鹿圖〉內的兩幅？或者，此兩幅〈秋鹿圖〉是另一幅大屏風畫的分割，亦與〈千角鹿圖〉無關？

　　話說回來，屏風扇組，本無標準，據云隋煬帝迷樓的「鳥銅屏」，高 5 尺、寬 3 尺、在寢室內數十面環繞連在一起。五代十國後蜀孟知祥，連用機括「作畫屏七十張，關百鈕而鬥之，用於寢室。」稱為屏宮。[9] 南唐顧閎中〈韓熙載夜宴圖〉內以時間序述一共五段，用了五種屏風分隔不同的時空活動。

　　一般貴族屏風都用銅、玻璃、雲母、玉石，上面再裝飾以珠瑁或螺鈿金銀平脫等鑲嵌手藝。唐朝流行用名人山水花鳥等字畫做屏風裝飾，民間也有清雅淡遠的全素屏風。[10] 白居易當年告退，反璞歸真，回歸田園，其〈三謠〉組詩內第二首〈素屏謠〉，就可看出當時以木為骨，以紙為面的素雅屏風，與富貴屏風的對比：

　　　素屏素屏，胡為乎不文不飾，不丹不青？
　　　當世豈無李陽冰之篆字，張旭之筆跡？邊鸞之花鳥，
　　　張璪之松石？吾不令加一點一畫於其上，欲爾保真而全白。
　　　吾於香爐峰下置草堂，二屏倚在東西牆。
　　　夜如明月入我室，曉如白雲圍我床。我心久養浩然氣，
　　　亦欲與爾表裏相輝光。爾不見當今甲第與王宮，
　　　織成步障銀屏風。綴珠陷鈿貼雲母，五金七寶相玲瓏。
　　　貴豪待此方悅目，晏然寢臥乎其中。素屏素屏，

物各有所宜，用各有所施。爾今木為骨兮紙為面，
舍吾草堂欲何之？

入宋遼後，繪畫工筆與寫意，濃郁與淡雅（「欲爾保真而全白」）的藝術觀並存不悖。現今出土的木屏多已朽壞，絹紙更蕩然無存。譬如山西大同金墓出土楊木屏風兩扇，屏框內裝方格架，兩面裱糊綾絹上有書畫，僅存殘片。我們只能自《圖畫見聞誌》這類史料，追蹤宋與遼金、西夏、高麗等外族交往的時代背景與文化特色，猶如唐人與西域諸蕃之相互影響。因此，用異國秋林群鹿情調繪畫，渲染點綴在五代或遼金的富貴屏風上，亦並非不可能。

但在秋鹿兩圖的辨識方面，雖然李霖燦先生強調「沒有始坡陀」、「沒年月款識」、「兩幅鹿圖不相啣接」，仍缺乏有力證據去證實為系列組畫五幅的第二和第四幅，也並不見得就是〈千角鹿圖〉的一部分。

如果郭若虛文本中提到畫旁有興宗御製並年月日，則〈千角鹿圖〉（不一定就是〈秋鹿圖〉）定為耶律宗真所畫無疑。契丹貴族受中國文化薰陶，書畫皆通並非稀事。遼太祖耶律阿保機長子東丹王耶律倍，後歸唐明宗賜名李贊華，就精繪事，並以少數民族騎射為主題，亦畫有千角鹿與西蜀黃筌畫的白兔，為一時之選。宋人羅畸《蓬山志》內有載「贊華尤工畫，歸朝載書數千卷自隨，亦能為五言詩。其子兀欲亦善丹青。千角鹿出虜中，觀其所畫，誠妙筆也。」宋《宣和畫譜》卷第8〈番族〉內李贊華條亦載御府所藏其畫十五幅，其中一幅就叫〈千角鹿圖〉，可見千角鹿為遼畫題材。[11] 其他遼人畫家如胡瓌、

6 James Cahill, *Chinese Painting*, New York, Rizzoli, 1985，p.67。英國學者蘇利文（Michael Sullivan）早年亦提出相同觀點，認為若將〈丹楓呦鹿圖〉放左，〈秋林群鹿圖〉放右，兩圖合併，天衣無縫，因此遂知此兩畫可能是從前多扇立屏（multi-panel screen）其中的兩幅。見 Michael Sullivan, "Notes on Early Chinese Screen Painting"，*Artibus Asiae* 27(1965)，p.252。

7 James Cahill，同上，p.67。

8 李斌誠等合著，《隋唐五代社會生活史》，中國社會科學出版社，1998，p.100。

9 同上，p.100，原出自宋人陶穀《清異錄》卷下。

10 有關屏畫的藝術作用及效果，可參閱巫鴻《重屏》一書。Wu Hung, *The Double Screen: Medium and Representation in Chinese Painting*, University of Chicago Press, 1996；蘇利文亦有專著論「韓熙載夜宴圖」，見Michael Sullivan, *The Night Entertainments of Han Xizai: A Scroll by Gu Hongzhong*, University of California Press, 2008.

11 《宣和畫譜》，俞劍華注釋，江蘇美術出版社，2007，p.200。

丹楓呦鹿圖（局部）

胡虔父子，蕭瀜等人，皆是帶來宋代畫壇異國情調的一時俊彥。

千角鹿應為牡麋鹿，兩歲生無枝之角，至第五年角增一枝，成叉狀，至第六、七年兩叉，第八年三叉或分多叉。此鹿在其族類屬大型麋鹿，亦即北美之大麋鹿（西方麋鹿分類詞彙較為精細，通稱為 deer，母鹿稱 doe 或 hind、幼鹿為 fawn，白斑小鹿叫 fallow。牡鹿稱 stag，屬麋鹿種有角 antlers，另有 elk，或其型更龐大之 moose），其牡鹿角直而岐出，若斜籐相附而生，枝椏分岐，有如千枝分椏，遂稱千角，言角之多，極為雄昂美麗。千角，並非一定是鹿群多數之泛稱，因如泛稱眾鹿，以千字代替多數，稱「千鹿圖」便足，不必呼為「千角鹿圖」。（12）契丹一族，起於遼河上源，為遊牧民族，以騎術狩獵稱世，千角鹿為遼金繪事主題，理所當然。

二、〈秋鹿圖〉為遼畫説

什麼為遼畫？遼畫的風格為何？

經過歷史大動亂的演變與破壞，現今傳世遼畫甚少（《宣如畫譜》謂自唐

五代迄宋，番族畫者丹青傳世者，僅胡瓌、胡虔、李贊華、王仁壽、房以真五人），無論作者或畫作真蹟，大部分都仍待肯定，因此遼畫風格遽難定奪。以李贊華及胡瓌為例，當年宋御府據藏李畫 15 幅，而今僅〈人騎圖〉、〈射騎圖〉等傳世。再觀其佚世無傳的 13 幅名條，除〈千角鹿圖〉為畜獸畫外，其他均為人物馬匹，〈番騎圖〉更有 6 幅之多，並無片幅山水花鳥，至少，我們可以看出遼畫的風格特色，並非山水花卉，而是以人物獵騎、關外驃悍氣勢取勝。

　　現藏台北故宮李贊華〈射騎圖〉絹本冊頁，圖中武士立於馬前腰弓持箭，評者言其畫「工甚精緻」，畫馬則「骨法勁快，不良不駕，自得窮荒步驟之態」，郭若虛則頗有保留云「議者以謂馬尚豐肥，筆乏壯氣，其確論歟？」。然其構圖人物長相服飾、胡服鞍勒、率皆珍華、有異漢人。「故所畫非中華衣冠，而悉其風土故習。」因此，強調人物在本土故習的服飾，亦是遼畫本色。

---

12 李霖燦，「千角鹿當是鹿的多數稱謂，以千代多，在中國語文中到處不乏例證，如千祥雲集。」，同注2，p.52.

李贊華　射騎圖　國立故宮博物院藏

胡瓌在御府藏畫 65 幅，亦僅〈卓歇圖〉、〈報塵圖〉、〈出獵圖〉、〈回獵圖〉等少數畫作存留，連〈卓歇圖〉亦因服飾繪為金代女真人，被疑為後期仿作。[13] 但至少可在其筆觸看出一些外族起居、習俗與漢畫不同的風味，「穹廬什器，射獵部屬，纖悉形容備盡」。同樣，胡瓌 65 幅或存或佚的畫作裡，標題如〈秋坡牧馬圖〉、〈番騎圖〉、〈番部射雕圖〉、〈番部卓歇圖〉等，特色亦為「工畫番馬，鋪敘巧密，近類繁冗，而用筆清勁。」其畫多強調人物「佩弓刀，挾弧矢，游獵狗馬之玩」，這應該就是遼畫的基本風貌。

金毓黻在《宋遼金史》一書內指出，「宋有國三百二十年……然遼立國於北鄙，凡二百十年，佔國土十之二三，而屬國屬部尤多，若併計之，疆域不下於宋，且其立國先於宋者五十年，國力與宋相等，抑且過之。金亦崛起北方，有國一百二十年，滅遼侵宋，佔中國全土十之六七，屬部屬國雖遜於遼，而在中國之地位，則遠過於遼，正統之南宋，嘗處於臣服地位。且以史實之多寡論之，遼史僅當北宋十之一二，而金史則當南宋十之四五，後世修史，何能存偏狹之見，而為之抹殺事實。」[14] 由此可知，遼國在歷史正確身分，和它未能得到應得的地位認定評價，讓許多學者耿耿於懷。至少，是否就是這一份對史實憤懣不平之心及強烈的國族承認心態，驅使許多專家對「遼畫」另眼相看、另立門戶，似乎仍是一個有趣課題。

楊仁愷及曹星原兩位學者一直強調〈秋鹿圖〉為遼畫，雖無直接證據，前者含糊指出此二畫「的確是藝術水平很高的，所斷定的年代也無多大差池，應該為大家所能接受的。如再追問作者屬誰，當然不好迴避。過去受歷史的侷限，前人能夠把作品的相對年代肯定下來，已覺難能可貴。但到了今天，似乎有條件可以憑藉一些材料作進一步的研討，深入一層，有所突破，是後來者責無旁貸的工作」[15]。但是楊先生沒有提到什麼具體材料。

他只提到遼代諸帝，醉心畋獵，為群鹿為外族畫作題材投下伏筆，他說：

遼聖宗、興宗、道宗之際，正逢承平之日，四境無事，歲受北宋饋遺，因而纔有「百四五十年內府之儲，珍異固山積也」。於是「四時遊獵，曰避暑，曰釣魚，各個定制，而流連忘反（返）」。[16]

他又另作強調，現今
發現的遼聖宗、興宗、道
宗「慶州三陵」（簡稱慶
陵）內的東陵，「保存大
批壁畫、人物、山巒、花
木、鹿群等，應有盡有，
誠為研究遼代繪畫藝術不
可多得的珍貴材料」。這
些慶陵壁畫雖非盡出自一
個畫師之手，但四面的四
季山水聯幅景色，其中尤
以夏秋冬三面畫幅，「畫
上出現了飛禽、彩雲，野
花繁茂，林木中出現了松
柏和少量的單複葉樹，特
別是鹿群的出現，它們很
自然地在花木叢中任意悠
閒來往，而無被獵捕追殺
的悲慘遭遇。」[17]

胡瓌　出獵圖（局部）　國立故宮博物院藏

13 沈從文在其《中國古代服飾研究》（上海書店出版社，2002）一書內就提出疑問，認為此
　　畫如出自五代遼人胡瓌手筆，「反映的宜為當時契丹族衣著形象。可疑處為部分人物多剃去
　　頂髮，將四圍餘髮編成二辮垂於肩部，髡頂制度雖為契丹和女真所同用，惟辮髮綱係女真制
　　度。」p.485-486。
14 金毓黻，《宋遼金史》，臺灣商務印書館，1977（臺一版），p.1-2。
15 楊仁愷，〈遼代繪畫藝術綜述——在日本京都國際美術史研究會第二次討論會上的報告〉
　　（1983），《中國書畫研究》，上海古籍出版社，2003，p.100-101。
16 同上，p.104。
17 同上，p.104。

慶陵山水圖‧春   慶陵山水圖‧夏

　　可是當我們細觀慶陵山水四季壁畫，雖謂歲月無情，畫壁斑駁削落，損毀
不全。即使在手繪的還原圖觀其格局，卻發覺並非如文字所述那般繁花錦繡、
鳥語花香。[18] 儘管春水日暖、鵝鴨嬉遊；夏、秋、冬三壁均有落葉松木、山林
鹿蹤，所謂「山深聞喚鹿，林黑自生風。松壑寒逾響，冰溪咽復通」。[19] 然而
其構圖簡潔，筆法野拙，風格並未能讓人聯想到〈秋鹿圖〉那般豐腴明麗、眾
色繽紛、細緻輕柔。

　　楊仁愷另提及 1974 年 4 月在遼寧法庫縣葉茂台公社，先後清理出屬於遼
國貴族蕭氏家族墳地的遼墓群。其中第 7 號保存完整，未經盜掘，出土殉葬品
有數百件之多。其中有兩軸絹本古畫，為展開懸掛式的立幅，畫無題名，遂根
據作品內容分別題為〈深山會棋圖〉及〈竹雀雙兔圖〉。這兩軸古畫千年後直
接出自遼墓，屬第一手資料，楊先生遂不厭其詳自主題內涵去反映它們的生活
內容及藝術構思。尤其〈深山會棋圖〉裡，更從山水畫的藝術形式去探討人物
刻劃、幽谷排列、峰巒起伏、林木疏密、山中樓閣隱現等等，嘗試去劃定遼畫
的藝術風格。[20] 但是我們隨即發覺，此畫人物，屋宇、服飾及琴棋活動均屬漢
制，林木峰巒筆法亦屬中國北方山水畫法系統，應是遼代漢族畫家或是漢化遼

慶陵山水圖・秋　　　　　　　慶陵山水圖・冬

族畫家描繪士大夫隱逸生活的畫作，看不出太多遼人本色。再觀另一幅〈竹雀雙兔圖〉，亦屬中國花鳥圖畫範疇。

　　楊先生又提出另一論點，認為即使是華化的遼人藝術家作品，如果「根據歷來的通例，在某一朝代中創作出來的作品，就在上面冠以朝代的名稱，如唐畫、五代畫、宋畫之類。沿例把這兩軸古畫稱之為遼畫，想必是可以的。」由此類推，胡瓌、李贊華的畫作「應屬遼畫」。「有兩幅〈秋林群鹿圖〉、〈丹楓呦鹿圖〉，原被列入五代畫，實則應是遼畫」。他同時又否定了台北故宮另一藏畫——蕭瀜的花鳥中堂立軸，認為乃出自明代畫師之手，與遼代畫風截然不同。[21]

18 田村實造，《慶陵的壁畫——繪畫・雕飾・陶磁》，京都市：株式會社同朋舍，1977。彩圖是前面原色圖版p.7-10；復原圖於書內第四章之東陵的四季山水畫，p.95-114。讀者亦可參照此四圖於薄松年，《中國藝術史》，台北：聯經出版社，2006，p.94。

19 歐陽修，「奉使道中五言長韻」，見註4，p.186。

20 楊仁愷，〈葉茂臺第七號遼墓出土古畫的綜合研究〉（1978），《中國書畫研究》，上海古籍出版社，2003年3月，p.115-117。

21 同上，p.127。

那麼什麼才是遼代畫風呢？既然連遼墓出土的兩幅〈深山會棋圖〉及〈竹雀雙兔圖〉，都不能獨立建樹於遼代的藝術形式，那麼〈秋鹿圖〉又以何種畫風來斷定它們是遼畫呢？

曹星原教授強調〈秋鹿圖〉為遼畫的立論與高居翰、楊仁愷基本相同。她的文章標題首先顯示此二圖需重新考量（A Reconsideration），除了一般藝術史的分析外，還須自遼墓出土的遼契丹的獨特藝術風格、或來自少數族裔的文化話語，以求擺脫「先入為主的現代觀念或文化偏見」。她認為在一定「圖像主題材料」（iconographically）範圍內，〈秋鹿圖〉符合內蒙昭烏達盟「慶陵四季壁畫」的秋季主題。[22] 然而我們已自高居翰所謂「雖主題接近，然筆法粗拙，可能是此類畫作後期走下坡貶質」看法，〈秋鹿圖〉和「慶陵四季壁畫」在畫風上有一大段專業距離，它們是互不相容（incompatible）的。

曹又企圖回到李霖燦對郭若虛《圖畫見聞誌》內「以五幅縑畫」的「五幅」兩字，重新演繹，把它們看作度量詞以形容縑之寬度，而不是五幅畫。如此遂解作為五幅縑寬度的畫，畫（作動詞）就畫在這寬五幅的縑上（a picture painted on five pieces of *ch'ien*, or, a painting five *fu* in width），符合了高居翰所謂一個大屏風畫的推測。其實如照上面解釋的古語法，應為「以五幅畫縑」。

三、〈秋鹿圖〉的藝術內涵與畫家身份揣測

姑勿論出自何人之手，此兩幅傳世的無上佳構，實不應斤斤計較於為五代人或宋元所出，為興宗御筆抑自其他遼人畫師高手（其實興宗如有此妙手丹青的功力，早應已名聞天下，譽滿宋遼藝壇，《宣如畫譜》更有遺珠之憾）。因為畫內鈐有元代元文宗的「奎章」、「天曆」二印，應不會晚於 14 世紀上半期，然此兩畫被判定的年代自唐宋迄金元，相差達數百年。

細觀兩畫，著色手法不像中原套數，秋林光線有暗亮對比（chiaroscuro）、揉雜「去骨」鵝黃與朱紅的秋葉樹木顏色，再用淡墨線條勾勒鹿群形象，利用明暗暈染呈現它們身軀的強烈肌理，不留空白填滿絹本，可能是西域畫風的格調。當年高居翰提出「近東（Near Eastern）的繪畫」之說，其實心中早已起疑，苦無佐證。

22 Hsingyuan Tsao, "Deer
for the Palace: A
Reconsideration of
the Deer in an Autumn
Forest Paintings", *Arts
of the Sung and Yuan*,
ed. Maxwell Hearn
and Judith Smith
et al. New York,
The Metropolitan
Museum of Art,
1996，p.190。此
文原來自曹星原
1996年史丹福大
學藝術系博士論文
《From Appropriation
to Possession: A
Study of the Cultural
Identity of the
Liao Through Their
Pictorial Art》第四
章〈The Negotiation
and Possession of
Cultural Identity〉
內同一題目的一章
（只作小許修改）。本
文均取自*Arts of the
Sung and Yuan* 書內
曹文。

佚名　深山會棋圖　遼
遼寧博物館藏

佚名　竹雀雙兔圖
遼　遼寧博物館藏
（左圖，右頁圖為局部）

然〈秋鹿圖〉的風格呈現，學者亦有呼應，「群鹿活動於秋林之中的題材，在中原繪畫傳統中可以說是比較罕見的，而這兩幅畫的奇特畫風，從中原的角度看，其裝飾感濃重的用色與繁密滿布的構圖，則顯得別有異國情調，或許和中國邊緣或更遠（如中亞）國度，有直接或間接的關係。」[23] 此段說話甚有見地。

　　〈秋林群鹿〉於 1935 年曾送往倫敦展出，〈丹楓呦鹿圖〉則未送展，即使如此，戴維德爵士（Sir Percival David）在《亞洲藝術評論》（Revue des Arts Asiatiques）期刊為文稱〈秋林群鹿〉為「西方至今尚未一見的中國畫鉅作之一」（one of the greatest Chinese paintings yet seen in the West），此畫「構圖決然大度，著色潤柔諧和，描繪技法嘆為觀止」。[24]

　　早在 1956 年，瑞典的中國藝術史學者喜龍仁（Osvald Siren）在其《中國繪畫》經典名著一書內，對〈秋鹿圖〉已另眼相看，不惜在五代〈花鳥畜獸〉一章特地著墨。他指出這時期有大批花鳥昆蟲等自然寫生，多於畜獸創作，雖然《宣和畫譜》內五代有四人被列為畜獸畫家，但他們並未在畫史視為名家。

　　喜氏筆鋒一轉，認為這時期一些畜獸繪畫出類拔萃（stand on a level with the best genre），與花鳥類並駕齊驅，溶成五代繪畫特徵。他指的就是〈秋林群鹿〉及〈丹楓呦鹿圖〉二圖，它們在尺寸主題一致配對，可能為宮內大型組合圖飾的其中部分。[25]

---

23 陳階晉，「42. 秋林群鹿」「43. 丹颯呦鹿」解說，《大觀北宋書畫特展》，林柏亭主編，台北，國立故宮博物院，2006，p.261。

24 Sir Percival David, "The Chinese Exhibition"（1935），*Revue des Arts Asiatiques*, IX, 4，同註22，p.183。

25 Osvald Siren, *Chinese Painting: Leading Masters and Principles*, Volume 1: Early Chinese Painting, New York, The Ronald Press Company, 1956, p.183。

早年研究環境資源及彩圖印刷技術有限，研究中國畫的西方學者常未能一睹真蹟。喜龍仁也是得台中故宮協助，才有機會看到〈秋鹿圖〉後，寫出下面這段描述：

> 此畫構圖在複印本或許能觀摩到一部分，但超凡絢麗的色彩卻要自真蹟才能一窺全豹。它輕描淡色，布滿全畫、深厚濃洌；大葉楓樹組成一片豐茂柔和的灰白、朱赭、桃紅格調，像一幅精緻織錦。麋鹿纖秀身軀及柔軟栗色毛皮與樹木的輪廓色調特別諧和。而著色與設計的完美均衡，落實了主題修飾的調換。這兩幅寂靜林間野獸在戒備的生態圖畫，有一種瞬息感覺，同時亦有一種原始或永久。它們不僅紀錄瞬間一些羞赧警戒中優美動作的節奏，同時亦是天籟吐納不息的靈示，那「大塊噫氣」（the "Great Breath"）賦予活力給山林花鳥，以及世間每一蜉蝣生命現象。[26]

看到上面這段〈秋鹿圖〉優雅文字，就像遠眺秋色如醉的楓葉樹林。群鹿靜止，一切靜息，沒有動靜，似在等待宇宙時鐘那一刻「滴答」聲響啟動，風動、葉動、鹿動、心動、一切發動，鹿群飛奔狂竄，楓葉沙沙作響，樹木急速往後倒退，鹿群呦呦而鳴。

觀者神思初運，收視反聽；精騖八極，心游萬仞。然而曾何幾時，瞬息之間，塵埃落定，水落石出，畫中林間群鹿寂然不動，公鹿聆聲蓄勢待發，幼鹿食野之苹，母鹿婉如清揚。

近半世紀來，注意到〈秋鹿圖〉為非中原題材的豪傑飽學之士何止千百？然將此二畫與中國歷代任何畫作對照比較，均無法找到風格類似及重疊的作品。如此又何苦自囿於追尋確認〈秋鹿圖〉為某一國族畫作的「迷思」？也無必要去自近東巴比倫王朝、拜占庭、中東伊斯蘭、中亞印度犍陀羅或西域諸國，苦苦追尋相同的題材筆調。也許真的在南唐五代或宋元年間，出了一個天縱奇才的異邦人，因緣巧合，成就了幾幅〈秋鹿圖〉，並留給畫壇一個千古美麗的傳奇。

---

26 同注22，p.183。

賞秋林呦鹿圖詩　張錯

管它殘唐五代或宋遼
來臨離去皆深不可測
淒然秋後入冬了
蔓地千山紅遍
密林掩映籐黃赭石
花青加墨渲染
枝幹勾勒細骨
葉脈舒展經絡
暈散著無以名狀的秋色喜悅！
麋鹿群聚覓食嬉遊
妍麗豐腴如簪花仕女
那是另一幅煥然似春的宮中花朝圖。
它凝神傾注前方
等待又像禦防
世局如棋豺狼當道
誰會知悉秋林深處
隱藏著愛戀或恨意？
攫撲而出是人的真情或獸的欲念？
它一直苦苦思索
出此一步
世界披著一襲大紅錦袍
陌生而奇異
銀杏似金，碎滿一地
漫山紅葉千手相招
沒有一隻熟悉溫暖
秋天泉水清澈
並且非常寒冷。

附記：「秋林呦鹿圖」及「秋林群鹿圖」兩軸均現存台北故宮博物院。傳為五代，或宋邊人所作。

另賞「秋林群鹿圖」　張錯

也許是同一季節樹林
也許相反方向
一隻鹿在另一邊凝望
咫尺便是天涯
上天不止弄人也愛弄物
許多痴心等待都是徒然
永世互不相見
也就不會相見；
林中群鹿歇息或嬉戲
惟它後蹄輕輕抬起
（似有一種無名觸動）
風過處一絲熟悉氣味
俯首聆聽卻無動靜
風又過處連聲呼喚
單音小名如一串銀鈴
親暱敲響了沉寂秋林──
軟簌黃葉紛紛搖落
看！四隻麋鹿循聲望去
漫天洒下淡黃的梧桐雨
許許多多相思淚哪！
葉葉相疊，聲聲相聞
覆蓋著夜林私語
苔徑細碎蹄聲
以及詩人預言裡不肯停留的神。

明珠拋擲野藤中

徐渭〈水墨葡萄〉及其他

一、

　　東京國立博物館藏徐渭〈水墨葡萄〉橫條紙本墨畫，高島菊次郎捐贈。原
為泉屋博古館住友家本收藏《花卉雜畫卷》內之一幅，全卷風貌，多以濃淡花
青潑染，〈水墨葡萄〉並有畫者當行本色詩：「半生落魄已成翁，獨立書齋嘯
晚風，筆底明珠無處賣，閒拋閒擲野藤中」。落款為「漱仙」，徐渭外號之
一，有如畫卷其他下款如「天池」、「青藤」等外號。視此畫風格，與徐渭其
他〈水墨葡萄〉畫作不盡相同。

　　此畫被東博訂為 1575（萬曆三年）作，應是徐五十四歲作品，正是年過
半生，不甘伏櫪。然畫內書法不似徐渭牽絲帶筆、縱橫放逸的筆調，更餵墨
乾飽，中規中矩，伸展撇捺間，恭謹有餘，狂野不足，不足舒洩半生落魄的
黯然。

徐渭水墨花果畫作，葡萄配詩是恆常主題，畫者喜愛葡萄渾圓瑩亮，比喻明亮的珍珠。再藉詩句「筆底明珠無處賣，閑拋閑擲野藤中」，引舒懷才不遇，明珠瘴置。

上述詩句配水墨葡萄的畫作，尚有北京故宮博物院〈水墨葡萄〉直軸，下款為「天池」，「湘館齋」鈐印。題詩在左上方，書法欹斜偏倚不定，心緒凌亂，然濕墨收放自如，剛柔並濟，稜角之間，圓融自得，有米元章筆意。徐渭中、晚年行草極多，亦即袁宏道所謂「筆意奔放如其詩，蒼勁中姿媚躍出」。字是好字，詩是好詩。首兩句先聲奪人，落魄與得意，半生已過可稱翁，日暮氣勢強，獨嘯書齋晚風中。惜明珠閑置閑擲朝野外，無人理會，有若敝帚。

浙江省博物館藏徐渭〈水墨葡萄〉一幅，下款「天池道人」，題詩雷同，書法磊落遒勁，瀟灑倜儻，氣度不凡，未見絲毫落魄。

徐渭　水墨葡萄　北京故宮博物院藏（右圖）
徐渭　水墨葡萄　東京國家博物館藏（左頁圖）

中國國家博物館亦藏徐渭《花卉人物圖冊》〈水墨葡萄〉一幅，下款僅「渭」字，鈐印「文長」，詩只取「筆底明珠無處賣，閑拋閑擲野藤中」兩句，筆墨清淡，與浙江省博物館藏〈水墨葡萄〉雷同，惟構圖更為簡潔。

上述四畫詩句書法並排比較，顯而易見，北京故宮、浙博、國博等畫中書法，筆墨暢快淋漓、行草楷書，捭闔之間，圓轉方折，滿紙風雲，胸中自有塊壘，應為同一組件風格。相反，東京國立博物館〈水墨葡萄〉的詩筆，頗自畏縮，未能暢所欲為，足見已有模範先入，左右書者在書寫過程中，筆觸鉤劃所呈現的字意。

二、

徐渭　花卉雜畫卷〈墨荷〉　東京國立博物館藏

北京故宮博物院〈水墨葡萄〉潑墨渲染，墨分五彩，乾濕濃淡焦，互用互補，層次分明。藤蔓四散，圈勾出連串圓潤點墨葡萄，枝果相牽，懸命如絲，然顆顆晶瑩有若明亮珍珠。粗枝大葉下，看似護持，實為遮掩，難見天日。全圖構局，藤幹自右橫出，枝葉散展如扇，伸入左方，戛然而斷，枝盡意無窮；再自左從上轉入，垂懸另一串葉底葡萄，果實逸出紙外，枝末其力似不勝，直沉左下角，亦是餘意不盡。

浙江省博物館與中國國家博物館兩館的〈水墨葡萄〉構圖與東京、北京故宮二畫有異，純以枝葉取勝，配以葡萄，小家碧玉。但見枝如藤蔓，幹椏佝僂牽引，有稜有節，高風傲骨，令人肅然起敬，亦屬徐渭水墨花木的有恆風格。

反觀東京國立博物館〈水墨葡萄〉，淺藍潑染橫過畫面，抽象飄浮，欠缺徐渭一貫濃墨滲水沁染暈散的沉著痛快。徐渭水墨花卉果木，極少設彩，此《花卉雜畫卷》內除葡萄外，其他如墨荷畫作均以花青蘸墨，極是稀見。東京國立博物館鑑畫專業，動不動就於畫者名字前加一「傳」（伝）字，以示未確。如作者確定，則於名後加一「筆」字。此畫與鄭燮的〈墨竹圖屏風〉同訂

為「筆」，鄭板橋這幅墨竹畫風神韻，千真萬確（「板橋專畫蘭竹，五十餘年不畫他物。」）而徐渭這幅水墨葡萄則未必為「筆」。

三、

觀古人之畫，需識古人之心。然如《金剛經》所云，過去、未來、現在心皆不可得，則心如流水，前浪後浪，無處可覓。人的真性矇昧，其心多在「五蘊」流連牽轉。藝術亦然，藝心沉浮，畫者心中起伏著許多世間縛纏「住」的癡嗔，顯隱於作品內的畫意、詩心及筆鋒。

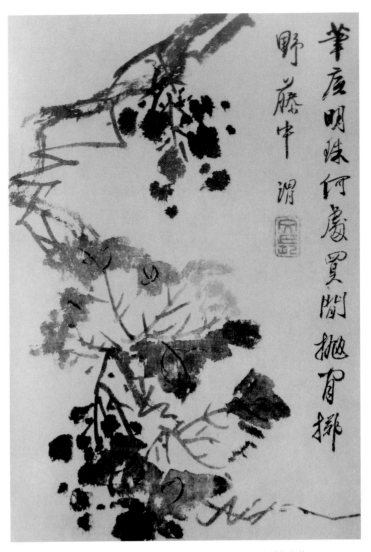

徐渭　花卉人物圖冊之一　中國國家博物館藏

「文人畫」自宋畫院格局脫穎而出，在於畫者個性或「心」的自然流露，除見諸繪事，更見於詩書行句。因此，文人畫入明清，無論流派分類的吳門浙派或千山獨行的個人畫風，皆需以文史角度去探觸畫者時代生平，以便切入經常以詩書畫三者匯聚表達的主題。

徐渭（1521-1593），字文長，明嘉靖年間人，際遇坎坷，詩書畫寫意灑脫，繁華落盡，反璞歸真，素墨塗染，正是一生悲憤宣洩。他年輕時天資聰

穎、自負才略，嫻熟兵書，曾為閩浙督師抗倭兵部右侍郎胡宗憲幕僚，多有獻策，睥睨當世。然不久胡即被陷為嚴嵩同黨於獄中自盡，徐渭從此閑散江陰，抑鬱日久，精神錯亂，自殺數次，有以斧劈頭顱（「血流披面，頭骨皆折，揉之有聲」）、錐刺雙耳（「或以利錐錐其兩耳，深入寸餘」）、錘擊睪囊，皆不死。又殺繼室（「誤擊殺其後婦，遂坐法，繫獄中」），入獄長達七年（也許就是這些怪行異端，讓他成為民俗文學戶曉家傳、足智多謀的徐文長）。

他出獄時已五十三歲，佯痴佯狂，鬻畫賣文為生，對書法極自負，曾謂自己是書一詩二文三畫四，畫作成就居末。等到公安派的袁宏道初閱其詩帙《闕編》，拍案驚詢為古抑今人，已在徐渭死後五、六年。

袁後來寫有〈徐文長傳〉，稱其書畫「強心鐵骨，與夫一種磊塊不平之氣」，「不論書法，而論書神：先生者，誠八法之散聖，字林之俠客也。問以其餘，旁溢為花草竹石，皆超逸有致」，自後凡「有來看余者，即出詩與之讀。一時名公巨匠，浸浸知向慕云」。然事過境遷，人亦棄世，又有何用？〈水墨葡萄〉正是其出獄翌年代表作，時光迢遞，韶華逝水，其心情蕭索落漠，表露無遺。也應就是這幾年蟄居紹興（山陰）故居，寫就了被湯顯祖推崇為「詞壇飛將」明雜劇第一的《四聲猿》一組四齣雜劇及另一齣滑稽諷刺劇《歌代嘯》，如此心情，悲歌代狂嘯，可見諸「獨立書齋嘯晚風」之句。

《四聲猿》是徐渭內心悲哀的宣洩，劇名典故來自杜甫詩「聽猿實下三聲淚」或酈道元《水經注》「巴東三峽巫峽長，猿鳴三聲淚沾裳」之句，據說猿猴哀鳴三聲已是哀痛極致，哭到第四聲便傷心而死。《四聲猿》是一組含四齣不同的雜劇故事，最出色是第一齣罵曹的〈狂鼓史漁陽三弄〉，借曹操死後入陰曹地獄，被即將升天為修文郎的禰衡重新擊鼓歷數其奸惡，痛罵一場，淋漓盡至。

如此多才多藝，十二歲學琴，打譜度曲，十五歲學劍，兼習騎射，文武雙修，書劍飄零，飽歷滄桑，亂世老死無人賞識。

台北故宮博物院藏有徐渭《寫生冊》八開八幅紙本，內第二幅為水墨石榴，款識「山深秋老無人摘，自迸明珠打雀兒。渭」。院藏又另有直軸〈榴實圖〉，筆走輕靈，庖丁解牛，以神御器，中鋒如長劍出鞘，自上而下，時破時斷，焦勁濡濕墨線，分別揮劃出枝幹秀葉，墨染成豐滿爆裂石榴，信手點上顆顆榴實，有若母蚌藏珠。此畫上有徐渭行草題詩，筆劃牽絲，意識流動，不可

半生落魄已成翁　獨立書齋嘯晚風
筆底明珠無處賣　閒拋閒擲野藤中　天池道人渭

徐渭　水墨葡萄　浙江省博物館藏

阻遏：「山深熟石榴，向日便開口。深山少人收，顆顆明珠走。文長。」，寫到「珠」字，其型特大，胸臆充滿自豪、自負、不平之氣，然到「走」時卻黯然神傷收筆。下款「文長」兩字連貫如「哀」字，讓人聯想八大山人啼笑皆非的似哭似笑。足見徐渭並非僅以明珠喻葡萄，榴實亦可喻明珠，陌生人世裡，不熟不開口，世間無人摘，深山少人收。

鄭板橋曾以五百金換徐渭石榴一枝，並稱願做「青藤門下走狗」。可惜徐渭去世一百年後鄭燮始生，未能享此百金用此走狗。徐晚年潦倒貧困至「忍飢月下獨徘徊」，直到病死在稻草稿卷堆中，惟一狗相伴，臨終前編寫自己年譜曰《畸譜》，令人為之掩卷垂淚。

四、

徐渭才藝出眾，山水人物、牡丹竹石、芭蕉蓮葉、秋菊螃蟹、梅花佛手，率性潑染，借物傳神；以明珠比喻葡萄，卻是一貫風格。台北故宮與上海博物館分別藏有水墨葡萄各一幅，布局不盡相似，但葉果層次分明，有強烈節奏

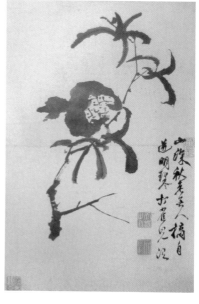

徐渭　水墨畫葡萄　國立故宮博物院藏（左圖）
徐渭　水墨直幅畫石榴　國立故宮博物院藏（右圖）

徐渭　墨葡萄立軸　上海博物館藏　　　　　徐渭　榴實圖　國立故宮博物院藏

徐渭 雜花卷 中國國家博物館藏（局部）

感。上博款識為「那堪明月三五夜，照見冰丸一兩攢。青藤」，鈐印為「文長」，「天池山人」。台北故宮為《寫生冊》第五幅，款識相同，惟款號「天池」，鈐印亦為「天池山人」，「文長」，與上博一幅鈐印次序相反。兩畫心意相同，月望十五之夜，天空一輪明月，圓滿皎亮，照見葡萄攢聚如丸，月圓人缺，情何以堪。

月下葡萄，亦見北京故宮《墨花九段卷之二》及中國國家博物館《雜花卷》兩幅構圖詩句相同的水墨葡萄（惟《墨花九段卷之二》旁點有誤寫「月」為「中」字），詩書畫三絕，為徐晚年逝世前傑作，水墨潑染，得心應手，清麗秀逸，恰到好處，爐火純青，獨步一時。詩云「昨歲中秋月倍圓，海南蚌母不成眠，明珠一夜無人管，迸向誰家壁上懸」。月圓人缺已是難堪，中秋之月倍圓，更令懷珠不遇之人夜不成眠。葡萄明珠，一夜無人賞識容易打發，無依無靠，他朝花落誰家懸壁卻煞費思量。

徐渭傲世獨行，經常以四季花草並聚一堂，自得其樂，台北故宮有超過

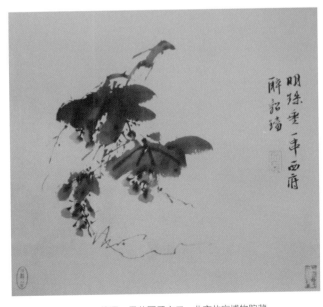

徐渭　墨花九段卷　北京故宮博物院藏（局部之二）

3 公尺巨幅水墨畫軸的〈花竹圖〉，下款「天池道士渭」，竟能繪上十六種不同時節的梅、菊、荷、牡丹、芙蓉、水仙、芭蕉、翠竹等花木。上海博物館藏有〈四季花卉圖〉，下款「鵝鼻山農」，把不同季節的夏日芭蕉、冬梅、蘭草與牡丹放在一起。徐更在另一幅〈牡丹蕉石圖〉內親書「牡丹雪裡開親見，芭蕉雪裡王維擅」，畫者擅用此技，欲奪

徐渭　墨花圖冊之二　北京故宮博物院藏

徐渭　牡丹蕉石圖
上海博物館藏（左圖）

徐渭　四季花卉圖
上海博物館藏（右頁圖）

造化之神奇。天道無常，徐渭只能用藝術想像創造了他的美麗人間，〈四季花卉圖〉畫上題詩曰：

老夫游戲墨淋漓，
花草都將雜四時。
莫怪畫圖差兩筆，
近來天道殼差池。

「殼」就是「夠、滿」的意思，我們方才明白徐渭喜用外號「天池」的另一原因。本來稱「天池」、「天池生」或「天池上人」，是因幼年書屋前有手植青藤一株，後來詠詩入畫，把原來榴花書屋改稱青藤書屋，亦號「青藤」。青藤樹下有天池方十

尺，據可通泉，長年不涸，遂以此為號。「渭」亦帶水，又把名字拆開，號為「田水月」，並以此為撰寫雜劇《四聲猿》筆名。

徐善寫月下葡萄以喻明珠，幼年天資聰穎，鄉縉稱譽為「寶樹靈珠」，更喜王維詩畫，應是偏愛「滄海月明珠有淚」詩句。

山水依然在人間
園林文化內涵的探索

　　園林在藝術史的位置，隱含歷史文化演變，以及演變過程中，人的成長及對大自然領悟的態度。因此我們可以簡單的說，中國庭園，是人與環境的一種哲理和美學體驗處理，並非單憑才智物力。庭園本身，也非單純回歸山水田園，它的整體設計，蘊含著人與自然的和諧、處處以物顯心，借景述情，展現恬淡人生與萬物共存的和睦。明代園林建構與山水觀念的配套，牽涉到文人在繪畫藝術「人」與「物」的互動，息息相關。

　　魏晉六朝，莊老告退，山水方滋。貴族個人莊園大放異采，其中「銅雀春深鎖二喬」的曹操在鄴城營建銅雀台最是有名。另一就是「落花猶似墜樓人」石崇在洛陽近郊的金谷園。

　　從魏晉到唐宋，除了長安、洛陽的貴族個人莊園，文人雅士，深受黃老釋家影響之餘，以隱逸為宗，遁跡山林園舍，譬如王維在藍田建有詩畫相彰的「輞川別業」，與道友裴迪「浮舟往來，彈琴賦詩，嘯詠終日。嘗聚其田園所為詩，別為《輞川集》。」（《舊唐書》卷 190 下〈王維傳〉）互相酬答，山水意境，清淡幽遠，千古絕唱。其他如白居易的廬山草堂，北宋司馬光在洛陽尊賢坊北買田 20 畝，引水為沼的「獨樂園」，本取孟子「獨樂樂，不如與人樂樂」之意，然司馬光自稱「自樂恐不足，安能及人？況叟之所樂者，薄陋鄙野，皆世之所棄也。雖推以與人，人且不取，豈得強之乎？必也有人肯同此樂，則再拜而獻之矣，安敢專之哉？」。

　　這些園址雖早已湮沒不存，然許多圖林畫作均藉原作或記述，常有復還原址的雅意。台北故宮於 1986 年 10 月展出「園林名畫特展」（並出版《園林名畫特展圖錄》），即企圖以歷代繪畫呈現歷史性的園林發展。宋代郭忠恕有追思輞川二十景的〈臨王維輞川圖〉、宋人及明文徵明均繪有〈獨樂園圖〉，八十九歲的文徵明更在其〈獨樂園圖並書記〉的後幅書有司馬光〈獨樂園記〉

郭忠恕　臨王維輞川圖　國立故宮博物院藏

及〈獨樂園七詠〉，詠唱園中景物，開首均以古人古意，盡呈幽思雅興，譬如
詠〈見山臺〉，開首即以「吾愛陶隱居，拂衣遂長往」（司馬光原詩為「吾愛
陶淵明」）、詠〈弄水軒〉「吾愛杜牧之，氣調本高逸，結亭傍水際，揮弄
消永日」、〈澆花亭〉「吾愛白樂天，退身家履道，釀酒酒初熟，澆花花正
好」。筆法溫潤敦秀，老而彌堅（《吳派畫九十年展》，國立故宮博物院，台北，1975，
p.214、288）。

宋代山水畫寫實發達啟迪，荊關董巨、李成、范寬、郭熙等巨匠承前啟後，開一代山水風氣之先。徽宗、黃荃、徐熙花鳥絕色，影響貴族與民間生活品質的提升（宋代緙絲織製就受工筆花鳥構圖的影響，譬如南宋緙絲高手朱克柔、沈子蕃作品）。入元後雖由蒙古人、色目人享受種種利益特權，文化命脈仍在漢人手裡，園林發展未嘗稍歇，蘇州四大名園之「獅子林」，原為寺園，始建於元至正二年（1342），倪瓚畫有〈獅子林圖〉紙本長卷（北平故宮）。

文徵明　獨樂園圖並書記　國立故宮博物院藏（局部）

文徵明書司馬光　獨樂園七詠　國立故宮博物院藏（局部）

朱克柔　緙絲鶺鴒紅蓼　宋　國立故宮博物院藏（上圖）

沈子蕃　緙絲花鳥　宋　國立故宮博物院藏（右圖）

據《吳縣誌》載，其寺主持天如禪師雅好奇石疊聚，曾邀「朱德潤、趙善長、倪元鎮、徐幼文共商疊成，而倪元鎮為之圖」，四人均是當時名家，其中以倪瓚之圖傳世注目，乾隆愛不釋手，據云南巡蘇州還攜圖訪獅子林，以為對照，可見宋明之世對奇石園林之痴迷，入清不衰。明代徐賁亦繪有〈獅子林圖〉，以奇石「獅子峰」為圖中主軸。

除倪瓚外，元四家黃公望、吳鎮、王蒙，或天人合一，或不食人間煙火，遁世孤絕。王蒙直接把枯筆、繁意山水帶入文人意境，黃公望與倪瓚均為全真道教徒，道教意識的隱逸清淨、敦純樸素在山水畫境掙脫宋人寫實風格，成為

明代文人學習典範，樸散為器，進入另一種空寂恬淡、水墨寫意的抒情境界。

　　中晚明浙派、吳門四家及董其昌一出，山水依然在人間，雜揉現實想像、古典奇譎，南派畫風倏然人景互動，再也不是高不可攀的層巒飛瀑或雪山孤寺。「景」開始為「人」而設——結廬在人境，而無車馬喧；大隱於市朝，小隱在山林，天下有道則見，無道則隱。明清文人畫，明顯把人的兼濟或獨善活動，放在不可分隔的山水大自然。

徐賁　獅子林圖　國立故宮博物院藏

宋明社會中產階級茁起與園林建設也有關係。那時士商身分經常重疊，譬如販賣藥材的陸九淵，王陽明就公開指出陸的專業無損大道。明永樂年間揚州重開大運河漕運，徽、晉、閩商等官商群集，又兼氣候調和，農業富庶、花卉繁茂，園林特佳，文人薈萃，文人畫獨步一時的「揚州八怪」，園匠大師計成、仇好石及入清後的石濤等人均居揚州。

因此江南一帶造園之風極盛，揚州的「個園」，「瘦西湖」舟行兩岸當年全是私家園林，還有無錫「寄暢園」、蘇州「拙政」、「網師」二園，均一時之盛。

　　古代園林藝術理論，除了計成《園冶》一書，還有文震亨《長物志》及李漁《閑情偶寄》內第 4 卷的「居室部」，分為房舍、窗欄、牆壁、聯匾、山石等五節，那是李笠翁自北京為人設計營建「半畝園」，到南京自己家宅地僅一丘的「芥子園」及杭州西湖畔「層園」居住時築構園林的體驗心得及建築造園理論。

　　江浙一帶文士與中產階級的介入，尤其物質方面典雅追求，帶來欣賞身外「長物」的賞玩觀念。他們對物質文化的強調尊重，無形帶來享用物質者對物質環境風雅的提升與要求。

倪瓚（傳）　獅子林圖　北京故宮博物院藏（局部）

　　較早宋人趙希鵠《洞天清錄志》內鑒別古器之事，凡古琴辨 32 條，古硯辨 12 條，古鐘鼎彝器辨 20 條，怪石辨 11 條，硯屏辨 5 條，筆格辨 3 條，水滴辨 2 條，古翰墨真跡辨 4 條，古今石刻辨 5 條，古今紙花印色辨 15 條，古畫辨 29 條。〈古琴辨〉論及安放古琴的琴室、臨水彈琴兩個條目時，即如是說：

琴室

前輩或埋瓮於地，上鳴琴，此說恐妄傳。蓋彈琴之室宜實不宜虛，最宜重樓之下。蓋上有樓板，則聲不散，其下空曠，清幽則聲透徹。若高堂大廈則聲散，小閣密室則聲不達，園囿亭樹尤非所宜，若必幽人逸士於高林大木或岩洞石室之下。清曠之地，更有泉石之勝，則琴聲愈清，與廣寒月殿何異。

臨水彈琴

湍流瀑布，凡水之有聲，皆不宜彈琴。惟澄淨池沼，近在軒窗或在竹邊林下，雅宜對之。微風洒然，游魚出聽，其樂無涯也。

　　對環境的提升要求以「容物」、「物用」、「賞物」及進一步「詠物」，都是把人與物重新安置在一種「自然」而「適當」的位置，體驗到老子所謂的

沈周　有竹居小卷　波士頓美術館藏

「道法自然」。如此一來，現實賞玩物之雅用兼備，與畫中想像物的意境描繪，便有了一種對照。

《洞天清錄志》書序內有這麼一段：「人生一世如白駒過隙，而風雨憂愁輒居三分之二，其間得閒者纔三之一分耳，況知之而能享用者又百之一二，於百一之中又多以聲色為受用，殊不知吾輩自有樂地，悦目初不在色；盈耳初不在聲。」

以上所序，一指人生苦短，二指其短暫中風雨苦多，而所膁之「閒」無幾，然「知之而能享用者又百之一二」，更壞的是其百中之一又耽於聲色之娛，不知悦樂在於識「物」，而不在於悦目之色或盈耳之聲。這種以風雅物質（material of elegance）識物、愛物、惜物、用物為出發的性靈境界說，至明代而大盛。

明人文震亨《長物志》12 卷舉凡室廬、花木、水石、禽魚、書畫、几榻、器具、衣飾、舟車、位置、蔬果、香茗，將生活周遭各色物件，如何舉措、如何感情，層層描述，已非單寫一物一事，它是文人理想生活的全體呈現。所謂「長物」，不是必需的布帛菽粟日常生活用品，而是那些「寒不可

沈周　十四月夜圖　美國Sackler美術館藏

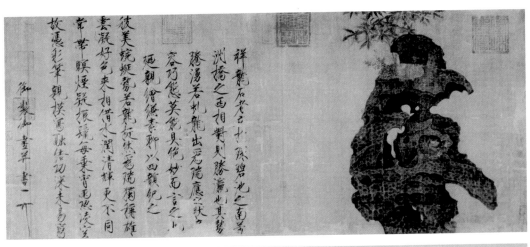

宋徽宗　祥龍石圖卷　北京故宮博物院藏（上圖）　文徵明書　西苑詩（下圖）

衣，飢不可食」僅供清賞之「物」。這些對物質幽雅古樸的美感，來自文氏一種「寧古無時、寧樸無巧、寧儉無俗」的審美觀念。他認為一個清風亮節的文人，可以借品鑒「物」去品鑒「人」。雅人「居城市有儒者之風，入山林有隱逸氣象」，衣著嫻雅，不需「侈靡鬥麗」（《長物志》〈衣飾〉）

　　英國牛津大學中國藝術史學者及文徵明研究專家柯律格（Craig Clunas）《身外之物：近古中國物質文化與社會身份》（*Superfluous Things: Material Culture and Social Status in Early Modern China*, University of Hawaii Press, 1991）書內，即利用《長物志》研究作出發點：文人藉「物」建構的鑒賞品味成為用來區別身份的「時尚」。柯律格繼而在《豐饒園址：中國明朝園林文化》

吳彬　谿山絕塵圖　東京橋本大乙氏收藏

（*Fruitful Sites: Garden Culture in Ming Dynasty China*, Reaktion Books, 1996）書內指出：蘇州園林如早期的「東莊」及後來的「拙政園」，都遍植桑麻桃李、松柏槐竹，皆有市場價值。隱含這些市內的「豐饒園址」，頗可自給自足。柯氏更不厭其詳在書中考證拙政園中各種花果林木，以證明如此龐大的一座廣達 62 畝的水果園林，就連盛開梅花也可供售，鹽醃漬過的「白梅」、醋糖處理過的「糖脆梅」、燻過的「烏梅」及後來的「酸梅」，都可用作飲品原料或零食。不僅可以自給自足，應更有餘賸供應市場。

如此看來，文人穿梭於園林與都市之間，是一種包容性的「辯證本體」（dialectic being），而不是抗拒性的「自我隔離」（self alienation）。

園林亦是置物、鑒物、賞物的一種境界，與繪畫的山水田園、四時景物息息相關。然繪畫是平面空間藝術，雖云觀畫者應會感神，有若六朝宗炳〈畫山水序〉中所云「豎畫三寸當千仞之高，橫墨數尺體百里之迴」。園林是一種立體空間藝術，規畫設計、建築的形制與構件，都講求造園者氣韻生動的巧思與創新。也就是李漁在《閒情偶寄》內強調的「創造園亭，因地制宜，不拘成見。一榱一桷，必令出自己裁。使經其地，入其室者，如讀湖上笠翁之書。雖乏高才，頗饒別致。」

繪畫與園林密切關係仍在於緊攝山

水畫的落筆布局，王維所謂「凡畫山水，意在筆先」。山水畫以山水為大處主軸，或平遠、高遠、深遠，點綴以樹木屋舍，形成整體完整格局。園林構建亦如此，計成在《園冶》謂「得景隨形，或傍山林，欲通河沼」，造園的構思必須因地制宜，以水配山；亭廊樓閣、曲橋池舫，動靜之間，成竹在胸；不拘成見，曲折有法；前後呼應，主客分明。《長物志》〈水石〉篇亦提到水石（亦可視為山水縮影）之間互配互補：「石令人古，水令人遠，園林水石，最不可無。」就是此意。

宋人對山水自然的崇敬，可謂傾心陶醉，米芾就有拜石之舉。徽宗為了營建園林「艮岳」，在蘇州設置應奉局，由蔡京等人專事在東南江浙一帶搜羅奇花異木，嶙峋美石。太湖等地花石到手後便由水路大運河運往京城汴京（開封），漕船和大量商船都被迫徵收運送這些花石，十船一組，稱作「綱」，就是「花石綱」名稱由來。

花石綱即《水滸傳》第12回〈梁山泊林沖落草／汴京城楊志賣刀〉內楊志護送失掉的花石、也是他賣刀殺人落草原因，青面獸楊志自述：「洒家是三代將門之後，五侯楊令公之孫，姓楊，名志。流落在此關西。年紀小時，曾應過武舉，做到殿司制使官。道君因蓋萬歲山，差一般十箇制使去太湖邊搬運花石綱，赴京交納。不想洒家時乖運蹇，押著那花石綱，來到

吳彬　山水　舊金山亞洲美術館藏

黃河裡，遭風打翻了船，失陷了花石綱，不能回京赴任，逃去他處避難。」

　　道君皇帝就是徽宗趙佶，這個丹青妙手戀石成癖，為了實踐山水畫的寫實構圖，竟然大施土木，營建園林「艮岳」（即萬歲山）。據《御制艮岳記》載，花園周圍有 5-6 公里，以人工堆疊湖石假山艮岳為中心，北引景龍江水入園，「岡連阜屬，東西相望，前後相續」，「左山而右溪，後溪而旁隴」。主峰之外，又配了石山的壽山和土山的萬松嶺，造成「崗阜拱伏」、「主山始尊」山水畫論的真實形態。人遊其中，猶如處身於長幅山水手卷，可見繪畫與園林兩者的密切互動。徽宗曾畫有《祥龍石圖卷》（北平故宮），正是當年的花石綱。文徵明五十六歲在京任翰林院待詔時作有〈西苑詩〉共七律十首，描述宮城西以太液池為中心的御苑，亦有提到萬歲山，詩前小序，稱「萬歲山在子城東北，大內之鎮山也。其上林木陰翳，尤多珍果，一名百果園」。此卷書於嘉靖甲寅（1554）6 月 10 日，距成詩時隔三十年，是年文徵明已八十五歲，行草蒼勁流暢，風姿綽約，有〈獨樂園圖並書記〉筆調風格，是其晚年書法傑作。（北京故宮藏）

　　太湖花石，渦洞相套，褶皺相疊，玲瓏剔透，集「瘦、皺、透、漏」於一石，這種「物」的審美觀，頗符合今世符號學大師艾可（Umberto Eco）在《美的歷史》及《醜的歷史》內美醜僅一線之差的美學主觀看法。美國學者高居翰的《中國畫之怪誕與偏僻畫風》（*Fantastics and Eccentrics in Chinese Painting*，Asia House Gallery, 1967）書內，列舉隕石、陶瓷筆托、木刻竹雕、樹根花盤架等奇形怪狀之「物」，也特別注意到中國畫中的奇山怪石，自董其昌以降，吳彬、陳洪綬、清初四僧、揚州八怪等人的奇幻風格。高氏強調的奇山怪石亦是意料之中，他的老師羅樾就出版過一本《中國木刻山水版畫》（*Chinese Landscape Woodcuts*, Harvard University Press, 1968），利用哈佛大學「福格美術館」（Fogg Art Museum）及日本京都南禪寺內收藏的中國宋代御製及韓國版本《祕藏詮》佛經的木刻版山水畫，呈現中國山水奇幻怪誕的一面。

之因益瀹相飡尅寡智其之土鍋名絃云

欲淨其土當淨其心隨其心淨即佛土淨

誰能較量二法皆空絃竟不立

隹識論云其業多少住一境界

《祕藏詮》木刻版山水畫　哈佛「福格美術館」（上二圖）

吳門畫派與園林畫冊
沈周與文徵明的《東莊圖冊》
及《拙政園圖冊》

　　蘇州園林，由田莊演變進入園林，最具代表性的為明代吳孟融的「東莊」，李東陽遊完這莊園後有一段紀錄如下：

　　蘇之地多水，葑門之內，吳翁之東莊在焉。菱濛匯其東西溪帶，其西兩港旁達，皆可舟而至也。由橙橋而入，則為稻畦，折而南，為桑園，又西為果園，又南為菜園，又東為振衣台，又南西為折桂橋。由艇子濱而入，則東為麥丘，由荷花灣入，則為竹田，區分絡貫，其廣六十畝，而作堂其中，曰「繪古之堂」，庵曰「拙修之庵」，軒曰「耕息之軒」。又作亭於南池，曰「知樂之亭」，亭成而莊之事始備，總名之曰東莊，因自號曰東莊翁……歲拓時葺，謹其封浚，課其耕藝，而時作息焉。

　　吳翁就是吳孟融。也就是說，東莊不僅僅是雅緻的園林，同時也是生產豐饒稻麥、竹子、桑麻、水果、菜蔬、菱藕自給自足廣達 60 畝的園莊。也因如此，我們才看出中產階級與文人把現實生活與雅逸理想進展結合而成的蘇州園林。

　　園林山水畫，可以直溯唐代王維〈輞川圖〉，但以圖冊手卷描繪園林各種精妙神髓，卻要待明代文人畫大放光芒。吳門畫派掌門人沈周天縱奇才，詩書畫溶於一體，畫中多有詩文題記，或長文、或短詩、或粗筆、或細墨，詩文書法，難分軒輊，開文人畫派風氣一代宗師。其設色手卷大多構圖精妙，有倪瓚隔岸空靈，卻無其棄世寂冷；其他山水長軸布局，則大氣磅礴。沈周在江蘇書香世代，許多景物描繪極富地域性與人情味，畫逸紙外，餘意無窮。感時觸景之餘，讓人煖然捧閱，倍感親切，建立了文人畫派的本土實景色彩。

沈周　謝安東山攜妓圖　美國翁萬戈氏藏（左圖）
沈周　崇山修竹〈水墨長軸〉　國立故宮博物院藏（右圖）

沈周東莊　麥丘圖　南京博物館藏

　　沈周與東莊吳寬家族有密切關係，吳寬即吳孟融之子，官至禮部尚書。沈周一生遯而不仕，倆人詩文唱和，相交莫逆，〈沈啟南送吳文定公行圖並題卷〉及〈京口送別圖〉即為例證。東莊是吳寬莊園，沈周畫有設色紙本《東莊圖冊》24 頁，今存 21 頁，南京博物院藏。原沈周長跋早已佚缺，現只餘李應禎在每圖的分別題名。圖冊色彩亮麗，取景觀點新穎。「麥丘」、「果林」、「稻畦」、「竹田」等圖，極具原創性。

　　沈周曾有七律描述這座地處城郭田疇的東莊園林，其上半首：「東莊水木有清輝，地靜人閑與世違；瓜圃熟時供路渴，稻畦收後問鄰飢。」前兩句寫文人雅逸理想，後兩句卻是入世的悲憫世情了。文徵明指其遯世不仕並非「忘世者」：「每聞時政得失，輒憂喜形於色，人以是知先生終非忘世者」。觀諸路渴鄰飢之供問，此語不虛。

　　台北故宮博物院早於 1973-74 年間以整年時間分別展出大規模的「吳派畫九十年展」，漪歟盛哉，展品合共高達 203 件。此展把九十年間的吳派畫壇分

沈周東莊　稻畦圖　南京博物館藏

為三期，起於文徵明始生之年（1470），止於徵明年九十歲（1559）。第一期（1973 年 5-11 月展出）自 1470-1509 年，共為四十年，展數 68 件。文徵明大器晚成，早年作品不多，因而此期以沈周為主，唐寅居次。第二期（1973 年 12 月至次年 4 月展出）自 1510-1539 年，共為三十年，也巧好是文徵明四十一至七十歲的三十年，文氏此期創作不輟，勤奮用功，構圖漸趨繁複，山景層層延疊，因而展出作品以文為主，共 49 件。仇英生年較晚，在此期間僅 3 件。另亦包括文門弟子陳淳、陸治的作品。

　　第三期（1974 年 5-11 月展出）自 1540-1559 年，共為二十年，正是文徵明的七十一到九十歲，他的晚年畫風承前啟後，一代大師當之無愧。

　　故宮此次展出影響深遠，畫展期間，美國藝術史學者如密西根大學艾瑞慈教授（Richard Edwards）、加州大學柏克萊分校高居翰教授、普林斯敦大學方聞教授等人均先後前來參觀研究，並得方聞教授協助出版畫冊（江兆申《吳派畫九十年展》，台北故宮，1975），此書英文部分由當時尚在故宮研究的密

沈周東莊　果林圖
南京博物館藏
（上圖）

沈周東莊　竹田圖
南京博物館藏
（下圖）

沈周　花下睡鵝圖
國立故宮博物院藏
（右頁圖）

西根大學研究生、現為洛杉磯西方學院（Occidental College）藝術系教授的游露怡（Louis Yuhas）擔任。

文人畫大放異采，西方藝文界更非常注意到文人畫與園林的互動關係，紐約「美華協進會」1974-75 年展出紐約大收藏家小顧洛阜（John M. Crawford Jr.）蘇州文人畫藏，並出版《文徵明友儕》（Wilson & Wong, *Friends of Wen Cheng-ming: A View from the Crawford Collection*, China Institute in America, 1974）目錄，即以文徵明的亭臺山水畫作〈仿王蒙山水筆意〉為封面標榜，上有透漏奇石與文士臨閣觀流。同年艾瑞慈舉辦吳門文人畫派畫展研討會，後亦出版《文徵明藝詣》（*The Art of Wen Cheng-ming 1470-1559*, University of Michigan Museum of Art, 1976）。

艾瑞慈為西方研究文人畫學者，早年出版論介沈周畫作《沈石田》（*The Field of Stones*, Freer Gallery of Art, 1962），此書內分章引述沈氏早、中、晚期作品，並分別以〈節慶〉（Festival）、漁樂（Fishermen）、〈圖冊〉（Album）、〈花鳥〉（Birds and Flowers）等章鉤出沈氏畫作題旨。沈周對家禽亦有偏愛，尤其鵝兒，想是對書聖王羲之的尊崇仰慕。台北故宮藏沈周立軸〈花下睡鵝圖〉，上有行書題詩「磊落東陽筆下姿，風流崔白未成詩；鵝群本是王家帖，傳過羲之又獻之。」下款「石田老迂沈周畫」。

艾瑞慈書中亦舉例沈氏 1484 年作品〈桃花新鵝圖〉，桃樹下九隻幼鵝憨楞可愛，上有題句「鵝兒黃似酒，對此愛新鵝」，惜該書早年出版圖片多單色

印刷，然引證前面所舉出文人畫在平民化的專注，展現市隱另一面動人親切。

　　1984 年田納西州曼菲士布魯克斯博物館（Memphis Brooks Museum of Art）展出美國各地收藏的吳派書畫，包括沈周、文徵明、陳淳、陸治、錢穀、文嘉、文伯仁等人作品，書畫目錄由 Alice Hyland 撰寫專書《文人視境：16 世紀吳門書畫》（*The Literati Vision: Sixteenth Century Wu School Painting and Calligraphy*, Memphis Brooks Museum of Art, 1984）。

　　園林自明清三代而大盛，其社會、政治、與文化藝術觀念的發展、演變及影響自不待言，人與自然的關係也由模仿原始自然（primordial nature）的「第一自然」進入演繹自然的「第二自然」，繼而產生所謂心境的「二度和諧」（Second Harmony）。禪宗《五燈會元》卷 17 載，吉州青原惟信禪師在堂上曾對門人問：「老僧三十年前未參禪時見山是山，見水是水。及至後來，親見知識，有箇入處。見山不是山，見水不是水。而今得箇休歇處，依前見山祇是山，見水祇是水。大眾！這三般見解，是同是別？有人緇素得出，許汝親見老僧。」

　　施友忠曾解釋禪師意思：「現象世界與本體世界，本無了別。二者之中所呈現的表面上的差異，已因中間那一段鍛鍊階段，作為橋樑，使二者合而為一。所謂中間的一段鍛鍊階段，是禪師因參禪了悟『見山不是山，見水不是水』的境界。這種境界，雖也由悟而生，究未徹底，且只是消極的，其作用不過是一架橋樑，藉以達到最後了澈圓通、無掛無礙的境界。渡過這一架橋樑……自然也就晶瑩明澈，一無所蔽了。……這種道器不分，體用一原的境界，就是我所說的二度和諧。」（《二度和諧及其他》，台北聯經，1975, p.66）

　　明清園林，許多是「演繹自然」的自我心象，尤其明代「文人畫」派在江南一帶流風所及，從視覺文化（visual culture）抽象畫面風景，進入賞玩物質文化（material culture）的具象物體。蘇州「拙政園」興建描繪與附詩便是佳例，明正德四年（1509），御史王敬止（字獻臣，又號槐雨）忤觸權貴，仕途失意，回蘇州購得城北大弘寺遺址近六十多畝之地，取西晉潘岳〈閑居賦〉「築室種樹，逍遙自得……灌園鬻蔬，以供朝夕之膳，是亦拙者之政也」之意為園名。此園為文人寫意山水園，蒔花種菜之餘，以流水導引，帶出亭台樓閣，山光水色，如詩如畫。

　　王氏好友文徵明曾長住拙政園內玉蘭堂，除寫有〈王氏拙政園記〉，更以園中三十一處景色各畫一圖，繪出《拙政園圖冊》[1]，分別用楷、草、隸、篆

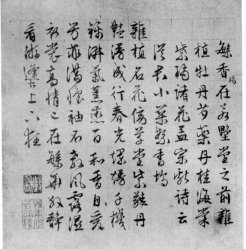

文徵明　31幅《拙政園圖冊》之〈夢隱樓〉圖詩　　　　　文徵明　31幅《拙政園圖冊》之〈繁香塢〉圖詩

等書法詠題詩作，詩體形式皆備，充份顯示文人畫派詩書畫三絕境界。柯律格在其文徵明研究專著《雅債——文徵明的社會藝術》（*Elegant Debts-The Social Art of Wen Zhengming*, 1470-1559, Reaktion Books, 2004）內就曾強調文人身份的自主性（autonomy），許多時候仍需倚靠與社會人士進行貨幣（潤筆）或非貨幣式的物質酬酢交往以作維生之計。那是一種頗為複雜而技巧性的「禮尚往來」（gifts），因而許多畫作詩句，常帶文人個性的宣洩感慨。

1 文徵明《拙政園圖冊》原出自Kate Kerby《文待詔拙政園圖》*An Old Chinese Garden*，上海中華書局，1922。

拙政園景物是文徵明非山非水後重新呈現見山是山，見水是水的物質世界賞玩，也是他的二度和諧。其中詠「夢隱樓」一景，足見心境：

> 林泉入夢意茫茫，旋起高樓擬退藏。
> 魯望五湖原有宅，淵明三徑未全荒。
> 枕中已悟功名玄，壺裡誰知明月長。
> 回首帝京何處是，倚欄唯見暮山蒼。

「淵明三徑」是非山非水後的歸田園居，枕中壺裡卻是人生如夢的恍惚覺悟了。

柯律格把這心境稱為一種漠然無為對俗世的退卻隔絕所構思出來的「清高」理想（……ideal of 'pure and lofty' ……conjures up an effortless withdrawal, a disinterested disengagement from the mundane。見氏著 *Fruitful Sites: Garden Culture in Ming Dynasty China* 《豐饒園址：中國明朝園林文化》 p.106）。

園有積水橫亘數畝頗類蘇
子美滄浪池因築亭其中
曰小滄浪昔子美自汴都
徙吳君乃還自北都踟躕
相似故剏其名
偶倚檻滄浪豈無風月供乘釣水
遠盧童唱濯纓湍地江湖聊
有兒百年魚鳥已忘情舜欽
寄興杜陵遠一段幽聯誰與
已矣杜陵遠

文徵明　31幅《拙政園圖冊》之〈小滄浪〉圖詩

文徵明的〈王氏拙政園記〉首先介紹拙政園為「槐雨先生王君敬止所居，在郡城東北」，然「居多隙地，有積水亙其中」，其水約佔全園 1/3；水多地稀，於是「稍加浚治，環以林木」。

可見拙政園乃依水而築的園林，池廣林茂，花木絕勝，四處皆為亭台樓閣、軒檻池台塢澗之屬，內有夢隱樓、繁香塢、倚玉軒、芙蓉隈等建築，文中記述：

> 為重屋其陽，曰「夢隱樓」；為堂其陰，曰「若墅堂」。堂之前為「繁香塢」，其後為「倚玉軒」。軒北直「夢隱」，絕水為梁，曰「小飛虹」。

文徵明　31幅《拙政園圖冊》之〈湘筠塢〉圖詩　　　文徵明　31幅《拙政園圖冊》之〈芭蕉檻〉圖詩

逾小飛虹而北，循水西行，岸多木芙蓉，曰「芙蓉隈」。又西，中流為榭，曰「小滄浪亭」。

　　所有這些建築，都依水勢順導——「凡諸亭檻台榭，皆因水為面勢……水流漸細，至是伏流而南，逾百武，出於別圃竹叢之間……竹澗之東，江梅百株，花時香雪爛然，望如瑤林玉樹……凡為堂一、樓一，為亭六，軒檻池台塢澗之屬二十有三。總三十有一，名曰拙政園。」

　　《拙政園圖冊》版本倒是另一個有趣的研究課題。資料顯示，文徵明曾為拙政園作畫四次（王家誠〈文徵明寄情園林的心路歷程〉文中及註 20 曾

文徵明　8幅《拙政園圖冊》之1〈繁香塢〉（上圖）、之2〈小滄浪〉（下圖）　大都會藝術博物館藏

謂附表列出各種版本，惟未見刊出，《中國藝術文物討論會論文集╱書畫》
（上）》，台北國立故宮博物院，1992，p.372, 375），原件的圖冊為設色絹
本，每開縱 26.4 公分，橫 30.5 公分，描繪園中一個景點，副頁題詩一首（董
壽琪編著《蘇州園林山水畫選》，上海三聯，2007, p.44），但是原件早已佚
失不存。目前大家引用最多的是民國 11 年上海中華書局出版（英）Kate Kerby
撰述的《文待詔拙政園圖》《*An Old Chinese Garden. A Three-fold Masterpiece of
Poetry, Calligraphy and Painting, by Wen Chen Ming*, Chung Hwa Book Co. 1922》，
內收文徵明繪拙政園各處景色圖 31 幅，原俱絹本，每幅均佐以詩文。此書並
附文徵明小楷撰寫〈王氏拙政園記〉一頁，末下款識「嘉靖十二年（1533），
歲在癸巳三月既望，長洲文徵明著」。款旁有白文「文印徵明」、朱文「衡
山」兩方印。清道光十六年（1836）文徵明「私淑弟子」戴熙補繪園景總圖，

文徵明　8幅《拙政園圖冊》之5〈釣磐〉（上圖）、之6〈來禽囿〉（下圖）　大都會藝術博物館藏

文鼎摹二十九景〈瑤圃圖〉於冊內。

　　英國倫敦大學亞非學院中國古書畫及佛教藝術教授韋陀（Roderick Whitfield）曾藉普林斯敦大學借用「摩斯收藏」明清畫作（Morse Collection, 即 Earl Morse 伉儷，尤其是後來捐贈給普林斯敦清四家的王翬畫作），出版有《追尋古意》（*In Pursuit of Antiquity*, Princeton Art Museum, 1969）一書，附有 8 幅詩圖並茂的文徵明《拙政園圖冊》（Album of Scenes in the Cho-cheng-yuan），列出圖內詩文印鑑，並全部翻譯成英文。若把此八圖與上述中華書局的 31 圖文比較，很明顯看出那是文氏另一版本真蹟。韋陀在書內指出八圖皆為「墨色」（ink on paper），長 26.6 公分，寬 27.3 公分，並自其中〈槐雨亭〉詩文句中「槐幄辛亥秋九月廿日徵明書」考據出此八圖成於 1551 年。如此看來，最少可知道《拙政園圖冊》的其一版本為 8 幅水墨畫作。

文徵明　8幅《拙政園圖冊》之7〈玉泉〉　大都會藝術博物館藏

　　此 8 幅「摩斯收藏」後來又轉手給紐約金融大亨收藏家狄龍（Douglas Dillon），距韋陀上書出版十年後的 1979，紐約大都會藝術博物館重新展出狄氏捐贈的 8 幅《拙政園圖冊》及其他中國園林花木畫作（狄氏生前曾任大都會藝術博物館董事並任董事長），目錄並由班宗華教授（Richard Barnhart）專書《桃花源──中國畫的園林花木》（*Peach Blossom Spring-Gardens and Flowers in Chinese Painting*, The Metropolitan Museum of Art,1979）介紹，更參考前人如韋陀及艾瑞慈研究，鑑定原文徵明的 31 圖繪於 1533 年客居玉蘭堂，十八年後的 1551 年園中景物已昔往非比，文又重新另繪 8 幅《拙政園圖冊》圖詩以誌景物變化，所以才會有 8 幅版本面世。

　　此 8 幅拙政園圖包括園中八景之〈繁香塢〉、〈小滄浪〉、〈湘筠塢〉、〈芭蕉檻〉、〈釣磬〉、〈來禽囿〉、〈玉泉〉、〈槐雨亭〉。若將此八圖與前三十一圖景物比較，遂見拙政園多年後景遷物移。最明顯對比是十八年後，繁香塢堂前繁花落盡，全景更見遼曠。小滄浪亭自水邊移入另一角內陸，湘筠塢本於水石間脩竹連互，如今卻有士人舍內聚會，觀賞竹林前白鶴剔羽，並有廊徑連貫。芭蕉檻早亦大葉成蔭，文士於蔭下屋舍倚凳閑讀。來禽囿本為遠景，果林下露一角書窗，如今只見數百棵林檎（古代蘋果別名）大樹婆娑，有人開墾灌溉。槐雨亭更是滄桑，十八年後亭去槐存，士人席地而坐，童子捧琴旁侍。木猶如此，人何以堪。

　　柯律格在《雅債》內亦提及此 8 幅圖冊，並把〈繁香塢〉兩版本對照比較，認為 8 幅重繪，乃是文徵明為了延續與王家後人庇蔭（patronage）而作，因

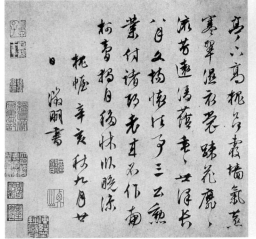

文徵明　8幅《拙政園圖冊》之8〈槐雨亭〉　大都會藝術博物館藏

如王獻臣（敬止）在世，亦早已九十開外，可能已經辭世。這種橫跨世代的情義（trans-generational nature of obligation），清晰見諸於文徵明其他詩文之內。

拙政園林輾轉易手（王獻臣死後，其子與里中徐氏子博，一夕失之，遂歸徐氏，王獻臣孫以弔喪為業），盛衰興替。圖冊佚失飄零，從國內到海外，當初 20 世紀 60 年代艾瑞慈寫《沈石田》論節慶祥瑞的鶴鳴九皋也引用過八幅《拙政園圖冊》其中一幅〈湘筠塢〉，惟那時並未明確指出《拙政園圖冊》，僅確認為日人 Saito Sumiyoshi Collection 收藏（艾氏一直要到 70 年代出版《文徵明藝詣》才大量引用圖冊及詩句），可見此 8 幅當初應在民國後曾流入東瀛再轉北美。

時光條逝，榮悴變易，滄桑如斯！文徵明詞藻華麗錦繡（所謂「有聲畫，無聲詩」）的〈王氏拙政園記〉及 31 幅《拙政園圖冊》與今日拙政園中景物對比，亦早已人面桃花。然而前人留下的巧思慧心，把「物」帶往崇高逸雅的精神境界，歷古常新。怪不得柯律格在《豐饒園址》（p.31）內強調，能讓拙政園不朽的不止是園址的美學內在價值，而是文徵明圖詠保留下來給世人心中當年的亭臺樓閣、一草一木。清代寫《履園叢話》及《文待詔拙政園圖》題跋的錢泳（1759-1844）也曾在跋中這般說：「余嘗論園亭之興廢有時，而亦係乎其人。其人傳，雖廢猶興也；其人不傳，雖興猶廢也。惟翰墨文章，似較園亭為可久，實有不能磨滅者。今讀衡翁之畫，再讀其記與詩，恍睹夫當時樓台花木之勝。」由此可知，園林興廢得失、雲散風流，在所不免，但在文學藝術的詩畫傳世，卻讓園林歷久不衰，歷歷如在目前。

後記─拾貝心情

　　隨著市鎮擴張侵佔，還有海洋污染，也許要在離島海灘，才能重溫野藻腥味，浮萍擱淺，晶亮處一些不起眼而偶帶彩色斑斕的破片貝殼。雖然已超越孩童隨見隨撿的貪婪，也不再太在意值不值得撿拾，但看到美的事物，油然也會湧現一些滿足喜悅。

　　是的，不斷找尋，終有發見。也就是本書《風格定器物》學術論文的由來。

　　找尋有幸運的不尋而獲，不幸的久尋不獲，幸與不幸，不止是運命、機緣，以及不可或缺的堅毅。我的找尋，似乎都在追求智慧啟迪、知識陶冶、歷史印證，以及心頭喜悅。2009 到 2011 三年是艱苦年，茫茫人海漫步灘頭，低頭看著、踩著孤獨影子踟躕獨行，在一個大房子浩瀚學海裡浮沉閱讀寫作。一盞淡黃碎貝殼拼成的第芬尼彩色玻璃燈下閱讀、沉思、孕育、質疑或肯定，又在另一盞紫葡萄彩玻璃桌燈下寫作。孤獨一人在書海浮沉，像漫步灘頭撿拾貝殼，別人撿的不算，自己撿到才算。

　　在美國學府任教多年，感慨萬千。學術界也像一個大灘頭，充滿千奇百怪拾貝人。有坐觀其成，不勞而獲、有巧取豪奪、有居心莫測、爾虞我詐，有混水摸魚、東撿西拾，還苦哈著臉裝沒有。有辛苦耕耘、久尋不輟，就算獲取也被別人詬病為魚目混珠，百口莫辯。

　　學府不止是灘頭，也是一個光怪離奇、五顏六色古怪水族弱肉強食的大海洋。海面看來輕波細浪，波濤不興，一片寧和。海水深處起伏翻騰，那是黑暗的心，康拉德的非洲內陸，文明中的野蠻，驚心動魄，所有爭辯抗爭都聽不到，就算知道了也是徒然。

　　我一生服膺陳寅恪先生的學問風骨，陳先生博學強記、學識淵蘊古今中

外，任教自北京清華國學研究院到廣州嶺南大學、中山大學，一生未拿個學位，卻是一個著作等身、博士中的博士、教授中的教授。他通曉十多國語言包括梵文、巴利文、吐火羅文，自哈佛發表過一篇唐代文章外，畢生著述皆用中文，然而學者如要研究唐代文化、史學、文學、政治社會及西域入華源流，又豈能不細讀陳先生的中文著作如《唐代政治史述論稿》、《金明館叢稿初編：論韓愈》或《元白詩箋證稿》？至於史學方面的勾勒觸探、旁敲側擊、迂迴捭闔。生逢亂世，閒讀彈詞之餘，卻能別出心裁，論柳如是、錢謙益、陳子龍絲絲入扣，淺淺兩句引言「不為無益之事，何以遣有涯之生」，令人拍案叫絕。一代開山大師，苦於眼疾與宿命，一生以學問為志業，孜孜不倦，逆境中屢顯風骨，不屈不撓，日以研究著作為要務，聆聽助理誦讀資料，融合胸中學識，再轉誦給助理抄錄，天天如此，日日如斯，聆聽、誦讀、抄寫、修改，再聆聽、再誦讀、再抄寫、再修改，始成今日舉舉大觀的《陳寅恪全集》。余生也晚，恨不得為陳門走犬。我師承施友忠老師的文史哲一脈，雖然曾在西雅圖華盛頓大學短期受教於程曦先生，但程先生與寅恪先生的關係，未算陳門弟子之列，而程先生與我相處的西雅圖，愛荷華大學各一年期間，也未見他怎樣提及陳先生。

　　學界如同風波滿地的江湖，裡面也是龍蛇混集、占地為霸、據山為寇。我最愛陳寅恪先生罵人的兩句話，「一犬吠影，十犬吠聲」。雖然陳先生另有所指，但加諸西方學界又何謬之有？況且鑽營有術，四處奔走站在城頭的「犬隻」多的是，未能讓我心悅誠服。

　　就像「諾貝爾症候群」（Nobel syndrome）的今天，作家們還在乾巴巴覬覦著作品能被垂青翻譯，以便一朝諾袍加身，身價百倍。自己不懂得去肯定自己，永遠不值得去讓別人來肯定。

　　提到諾貝爾，也讓我想到一度傳聞曾被提名諾獎的沈從文先生。沈先生謙謙君子，胸襟寬厚，既是文壇前輩，更是藝術器物專家。1981 年我在北京隨卞之琳、巫寧坤兩位先生拜訪沈宅，門口貼著一張閉門謝客字條，老友長驅直入，屋子裡都是字畫，沈先生每日仍執筆臨書不懈。他那時最欣喜就是古代服

飾研究快出版了。書在 1981 年出版後,我自〈後記〉得悉,「本書的成稿、付印到和讀者見面,經過許許多多曲折過程,前後拖延了約十七年。」好一句輕描淡寫的十七年,十七年的青春歲月,就在許許多多曲折中耗掉了。甘心麼?一個如此勤奮好學的長者,如能讓他痛快馳騁十七年的研究歲月,將會是如何的豐收?

但是沈老依然心平氣和地追憶,他在中國歷史博物館陳列組,工作複雜繁瑣,用力勤而建功不大,但卻堅信,堅持學習十年二十年,「總會由於常識積累,取得應有進展的。」信然!《中國古代服飾研究》出版後,歷代服飾才在歷史文化的背景下顯示出它們不同風貌的特色原因。沈先生研究心思縝密,博學古今,雖是半途出家,他這本等待了十七年鉅著與陳寅恪最後二十年的史學研究異曲同工。我就不相信研究唐宋史或宋元史的西方學者,可以負擔不讀這本中文寫成的《中國古代服飾研究》。

美國其實是一單語(monolingual)民族,一語獨大,文化資源也被單語拖累得骨格單薄。許多東亞學者專家,外語相當貧乏(當然也有極端優秀,讓人折服的人)。我常以孫臏教田忌以下駟對上駟之法,鼓勵中、台的研究生,不用因外語而害怕自卑,我說,你們的中文也許不比他們的英文好,但他們的外語卻比你們的英文差。這種似是而非論調,本來有損師道,但卻是見識之談。

上世紀 90 年代開始,爭雄西方學府之心卻早意興闌珊。看破名關之餘,折節讀書,浸淫在自己喜愛的藝術器物,有取有捨,把這種體會叫做拾貝心情,頗為貼切。那是一個龐大的學術領域,耐心撿拾,涵蓋考古、藝術史、文化史、歷史與文學。這五個領域在學院裡都是一個獨立「學科」(discipline),除了文史是專業本行,其他均是「外務」。我見獵心喜,不自量力,一頭栽入考古藝術的領域,學術界稱為「撈過界」(encroachment of territory)。然而話又說回來,普天之下,莫非王土,學術研究又豈能仍是皇權時代特權者擁有固定的「既得利益」(vested interest)?率土之濱,當然是天命所寄、有德者居之。

同時也解釋近十多年來專心於中文著述的原因,美國雖有所謂跨學科

（inter-disciplinary）領域研究，然儕身其中學科，發表論文或出版專著，又談何容易？進入 21 世紀的美國經濟左支右絀，困頓疲軟，大學出版社萎縮不前，出版藝術著作成本比前更較高昂，至今能出版藝術著述的美國大學出版社已沒幾家了。一篇論文或一本專著要發表或出版，必須經過學會或出版社內部初步評估，再送外審，如有評審意見，更要遵照意見修改，再回送或再改，再再回送。所費時日，動輒經年累月。年輕助理教授要升等入終身聘（tenure），陷此火坑，煎熬之下，苦不堪言，許多時不是為興趣而學術，為學問而學術，而是為教職與謀生而學術。雖謂建立嚴格審查評鑑制度，才能提升學術品質，然而因此而損害個人的信心與尊嚴，命運掌握在別人手裡，得不償失。

中文為我母語，自視甚高（那是我的驕傲！）。英文為第二語文，雖遜母語，然亦不弱。但兩者相比，無論閱讀或書寫，自是母語優勝速快。如前所云，既無心爭雄西方學府，又何苦戀棧這趟渾水？一念之別，退一步海闊天空，從此鯤鵬任逍遙，許多篇藝術專文，立竿見影，發表在台灣《故宮文物》及《歷史文物》兩大博物館月刊。在此必須感謝國立故宮博物院的周功鑫院長、馮明珠副院長、何傳馨處長、蔡玫芬處長、許媛婷小姐、歷史博物館的高以璇小姐，以及香港《明報月刊》的潘耀明兄、陳芳小姐等人賞識指導。而最能讓我有歸屬感還是「藝術家出版社」何政廣、王庭玫兩位，我的藝術專著能以系列出版，是對我最大的肯定。

如果沒有鄭穎替我搜尋資料，秋林群鹿圖不可能有清晰精緻的慶陵遼畫配搭引證、徐渭的水墨葡萄亦無豐盛畫作提供參考、吳門畫派與園林畫冊一文，就更沒有詳盡資料顯示台北故宮博物院早於 1973-74 年間，便以整年時間分別展出大規模的「吳派畫九十年展」。多年來她助我搜集資料及善用國內圖書館資源，讓我如涸轍見泉、新月得滿，極是難得。

我是一個「專業詩人」（professional poet），創作是我一生志業；但因職業是大學教授，學術研究也是我的專業，一直沒有放棄。魚與熊掌，不可兼得，本來可以清閒構思的詩作，卻發覺常在學術研究的夾縫脫穎而出。創作與

學術研究本可感性理性並兼，然而同門兄弟，背道而馳。創作講究感性觸機與醞釀，有緩有疾，有時一氣呵成，有時靜伺其動，樂觀其成。學術研究間或有感性筆觸，然文中組織肌理，跌宕起伏、抑揚頓挫的論點發揮，全部是理性邏輯與事實。那是窮年累月功夫，一點一滴的積累，許多時看似完成了，卻又需退而思之，思而再思，方有定奪，佔時之久，不可測量。最忌急功近利，自以為是、斷然收筆，不肯重新出發思考牽涉，觸類旁通。

一山不能藏二虎，學術研究經常「剝削」創作機緣，一旦二者同時降臨，常要作一痛苦選擇，往往研究最忙碌時也是詩興觸機排山倒海而來，常做成學者與寫作者手忙腳亂難以取捨的尷尬。

學者中也不乏這種例子，「我的朋友」李歐梵其實擁有充沛的創作細胞、驚人的表達意志（客串台大交響樂指揮就是一例）、豐富的想像力、甚至幻想，非常能「入戲」而神遊其中，不可自拔。但幾十年下來的學者生涯，卻讓他無法兼顧。一直要到學術研究告一段落，多年創作的壓抑（obsession）才得紓解，揮筆暢寫他心中的白流蘇與范柳原。

學者雪上加霜還有授課工作，研究常被打斷，本來學以致用，教學相長，然而天多不從人願，往往要講授一些大學部或本科生的入門課程。一心本不能二用，有時研究廢寢忘食，通宵達旦，方肯罷休，記得有次寫唐代蹀躞玉腰帶，好不容易才找到契苾真（雕鑿楔子）、噦厥（解繩結的錐子）的解釋，但翌日一早便是學期開學，真是煮鶴焚琴。

學問之道，有似拾貝，似有所為，經常無所獲而變得無所為。似無所為，然而眾裡尋它千百度，驀然回首，要找尋的卻在燈火闌珊處。譬如寫唐代金銀器研究來自追尋李白〈襄陽歌〉內「鸚鵡杯」、「力士鐺」的出處，想不到尋到鸚鵡螺後，越尋越遠，竟尋到唐傳奇〈無雙傳〉內長安興化坊唐尚書兼招庸使劉震的宅院，也就是 1970 年西安市南郊何家村出土的唐代窖藏金銀器。迴目四顧，還有 1978 年陝西扶風法門寺地宮出土的唐僖宗皇室禮佛金銀器，以及 1982 年江蘇丹徒縣丁卯橋出土的唐代銀器窖藏。何家村與法門寺出土金銀器均為宮中瑰寶，其工匠之巧、工藝之精，無與倫比。江蘇丹徒縣丁卯橋銀器

窖藏在唐代屬潤州丹徒縣，潤州是唐代南方金銀器生產樞紐地區，宋徽宗政和三年（1113年），升潤州為鎮江府，地處江南運河入江要塞，唐代漕運和民間船隻都要從這裡航行。

　　一直在找尋的拾貝心情，歲歲月月，當然希望撿到晶瑩美麗舉世無雙的貝殼，緊握在手不肯放，那是美夢，可遇而不可求。但最重要還是抬起頭來，見到整面沙灘看到大海，胸襟寬闊，不只是低頭眼前。同時還知道要的是什麼、堅持些什麼、捨棄些什麼。

張錯

（記於2011年九月洛杉磯南加州大學）

附錄：《風格定器物——張錯藝術文論》發表記錄

- 〈風格定器物——元「至正型」青花瓷在西方的整理及實踐〉，《故宮文物》月刊，台北，no.291，6月，2007，pp.20-30。

- 〈從侍奉者到保護者——陶俑演變及唐三彩天王的佛教淵源〉，《故宮文物》月刊，台北，no.259，10月，2004, pp.62-75。

- 〈雪滿弓刀——刀與弓在中國兵器與文化的演變〉，《歷史文物》月刊，台北歷史博物館，no.147,10月，2005, pp.56-67。

- 〈青峰綠成碧玉——從越窯到龍泉〉，《歷史文物》月刊，台北，no.443，8月，2003，pp.93-100。

- 〈兔毫、油滴與鷓鴣——宋代黑釉茶盞藝術〉，《明報》月刊，香港，no.435，3月，2002，pp.68-72。

- 〈磁州窯異色及『異族滲混』之文化探討〉，《歷史文物》月刊，台北歷史博物館，no.164，3月，2007，pp.33-40。

- 〈五代乎？宋遼乎？——「秋林群鹿」及「丹楓呦鹿圖」的商榷〉，《故宮文物》月刊，台北，no.306，9月，2008，pp.68-77。

- 〈半生落魄已成翁——徐渭的「水墨葡萄」及其他〉，《故宮文物》月刊，台北，no.312，3月，2009，pp.16-25。

- 〈山水依然在人間——園林文化內涵的探索〉，《故宮文物》月刊，台北，no.322，1月，2010，pp.108-117。

- 〈吳門畫派與園林畫冊——沈周與文徵明的《東莊圖冊》及《拙政園圖冊》〉，《故宮文物》月刊，台北，no.327，6月，2010，pp.74-85。

國家圖書館出版品預行編目資料

風格定器物 / 張錯 著.--初版.
-- 臺北市：藝術家 , 2012.02
240面；17×24公分.--

ISBN　978-986-282-051-3（平裝）

1.古器物　2.藝術評論　3.文集
4.中國

791.07　　　　　　　100025952

風格定器物——張錯藝術文論

張錯／著

發 行 人　何政廣
主　　編　王庭玫
編　　輯　謝汝萱
美　　編　張紓嘉
出 版 者　藝術家出版社
　　　　　台北市重慶南路一段147號6樓
　　　　　TEL：（02）2371-9692～3
　　　　　FAX：（02）2331-7096
郵政劃撥　01044798 藝術家雜誌社帳戶

總 經 銷　時報文化出版企業股份有限公司
　　　　　新北市中和區連城路134巷16號
　　　　　TEL：（02）2306-6842
南區代理　台南市西門路一段223巷10弄26號
　　　　　TEL：（06）261-7268
　　　　　FAX：（06）263-7698

製版印刷　新豪華彩色製版印刷股份有限公司
初　　版　2012年2月
定　　價　新台幣360元
I S B N　978-986-282-051-3